盛婕先生追思文集

中国文学艺术界联合会
中国舞蹈家协会
中国文联舞蹈艺术中心 编

中国文联出版社
http://www.clapnet.cn

图书在版编目（CIP）数据

盛婕先生追思文集 / 中国文学艺术界联合会，中国舞蹈家协会，中国文联舞蹈艺术中心编. —— 北京：中国文联出版社，2018.7 ISBN 978-7-5190-3762-8

Ⅰ. ①盛… Ⅱ. ①中… ②中… ③中… Ⅲ. ①盛婕—纪念文集 Ⅳ. ①K825.76-53

中国版本图书馆CIP数据核字(2018)第142161号

盛婕先生追思文集

作　　　者：	中国文学艺术界联合会
	中国舞蹈家协会
	中国文联舞蹈艺术中心

出 版 人：朱　庆
终 审 人：奚耀华　　　　　　复 审 人：周小丽
责任编辑：周劲松　李小欧　　责任校对：傅泉泽
封面设计：春天书装　　　　　责任印制：陈　晨
出版发行：中国文联出版社
地　　址：北京市朝阳区农展馆南里10号，100125
电　　话：010-85923018（咨询）010-85923000（编务）010-85923020（邮购）
传　　真：010-85923000（总编室），010-85923020（发行部）
网　　址：http://www.clapnet.cn　　http://www.claplus.cn
E - mail：clap@clapnet.cn　　lixo@clapnet.cn
印　　刷：北京紫瑞利印刷有限公司
装　　订：北京紫瑞利印刷有限公司
法律顾问：北京市德鸿律师事务所王振勇律师
本书如有破损、缺页、装订错误，请与本社联系调换

开　　本：	787×1092		1/16
字　　数：	130千字	印　张：	10.5
版　　次：	2018年7月第1版	印　次：	2018年7月第1次印刷
书　　号：	ISBN 978-7-5190-3762-8		
定　　价：	48.00元		

版权所有　翻印必究

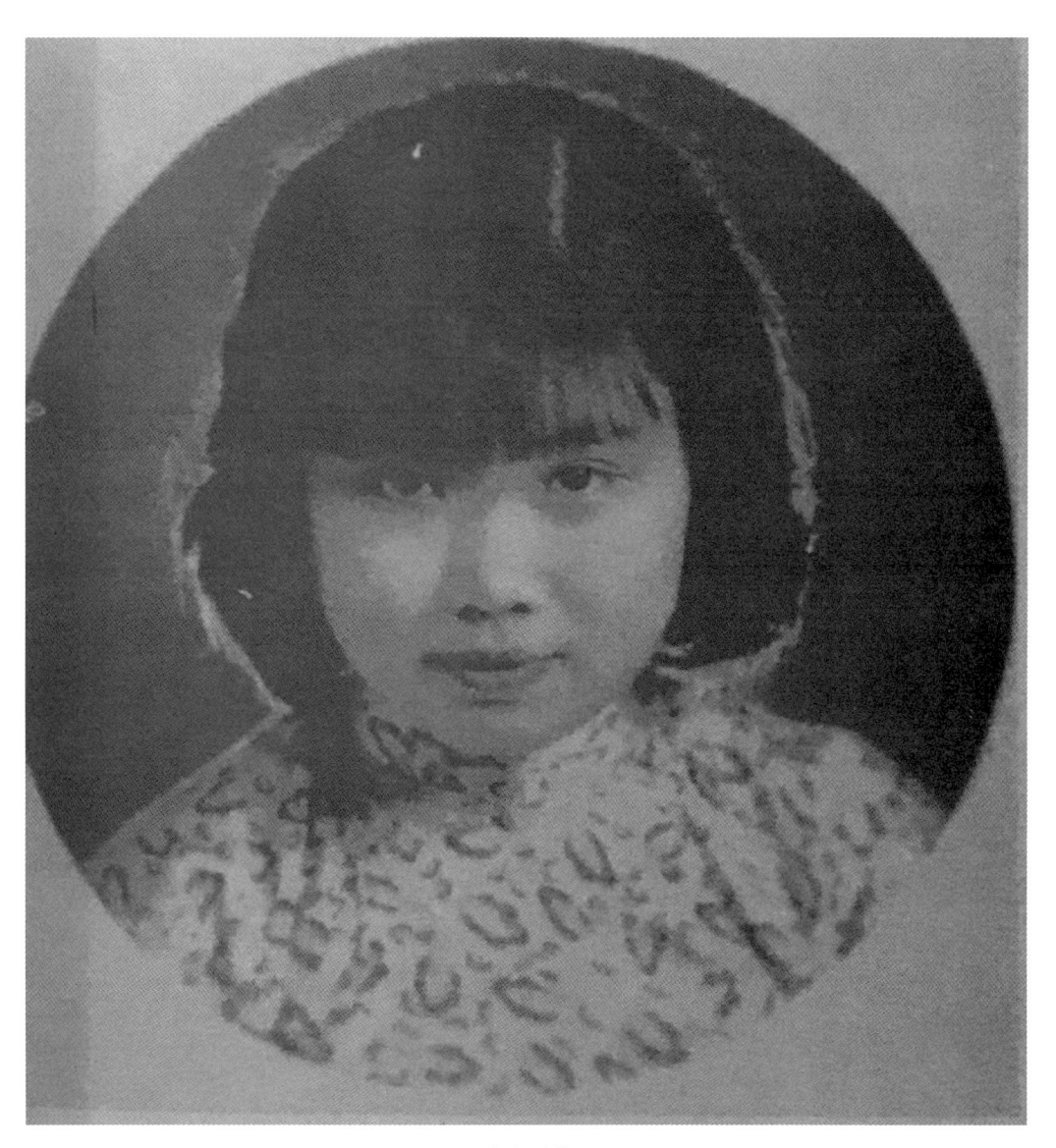

少女时代

哈尔滨女中时期

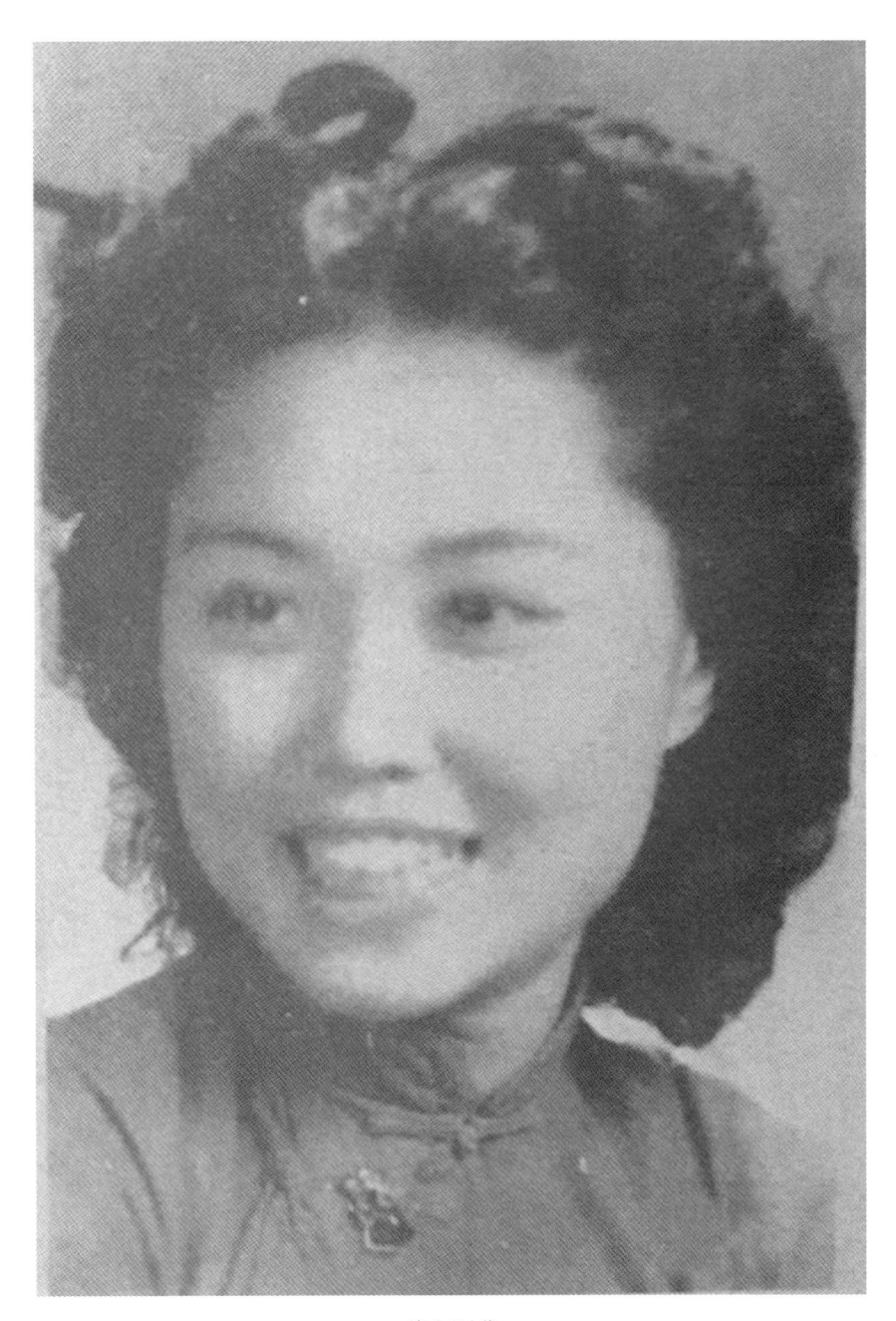

青年时代

《梁红玉》剧照

《心愿》剧照

1953 年于北京

晚年

前 言

罗 斌

盛婕先生离开我们一年了。舞协同仁日思夜想着先生的音容笑貌，恍如昨日！值此先生文集即将付梓之时，略备拙笔以纪念先生之英名。

一则，先生乃胆识之人，堪称女中豪杰，是一位有艺、有胆、有情的戏剧家、舞蹈表演艺术家。她出身名门，却情操高尚、富于理想和精神追求。在抗战的烽火连天岁月，她放弃养尊处优的贵族小姐生活，辗转上海、桂林、重庆等地，不顾生命安危，用话剧和舞蹈表演做武器，发出救亡图存、民族解放、反对侵略的呼声。在孤岛上海，她主演话剧《装腔作势》《梁红玉》等，讽刺战争中的那些醉生梦死、欺凌弱小的丑恶现象；演出吴晓邦为其编排的舞蹈《心愿》，表现对抗日战士的美好祝福；与吴晓邦、戴爱莲一起，在重庆上演的载入史册的三人舞蹈晚会，在合唱团和乐队的伴奏下，独自完成了舞蹈《流亡三部曲》的首演，观众为之动容，在台下观看演出的邓颖超大姐泪流满面。应该说，早期的盛婕先生是在用实际行动凸显"新舞蹈艺术的践行者"的先驱意义，这便使一个柔弱女子的刚毅形象跃然于中国舞史之上。

再则，先生乃担当之人，筚路蓝缕的智者，开新中国舞蹈教育之先河，是专业民间舞教育重要的奠基者。为创办北京舞蹈学校，先生率团出访前苏联学习办学经验，访问、记录、整理了一整套翔实的舞校办学资料，为北舞民间舞专业的建立立下了汗马功劳。担任舞校民间舞组组长期间，先生倡导扎根民间，遍访散见在民间的汉族舞蹈，并将其创造性地引入教室和舞台。她是最早发掘汉族民间舞蹈瑰宝花鼓灯的人，她不仅较早地向花鼓灯艺人拜师学艺，而且将之带到北京的舞台，参加了第一次全国舞蹈会演，让花鼓灯艺术大放异彩。她是最早深入江西考察傩舞的人，与同仁一道搜集、整理了珍贵的傩舞资料，为国家抢救了重要的历史文物——宋代的傩舞面具。她带队考察龙舞、东北秧歌等汉族民间舞，研究视野涉猎大量疆域，为学院民间舞的建设做出了极大贡献。

三则，先生乃创造之人，中国舞协的缔造者。作为舞协第一代的组建者之一，她参加了第一届全国文代会，见证了中国舞蹈家协会的从无到有。舞协工作中，先生尤其注重舞蹈理论建设，参与开创了《舞蹈》杂志、《群众舞蹈》两个全国发行的舞蹈刊物以及内部发行的《舞蹈通讯》和《舞蹈学习资料》，为舞蹈理论工作开辟了阵地。她组建了中国古代舞蹈史研究小组，开启了中国舞蹈史的拓荒之旅；她开展各种创作研讨会，从理论上助力舞蹈创作；她参与《舞蹈大百科》《中国民族民间舞蹈集成》等著作的编写工作，为中国舞蹈理论的基础资料建设做了根本性建设。

　　开疆辟土是先生的成果，启迪未来是先生的魂魄，泽被后世是先生的恩德，鞠躬尽瘁是先生的品格。值此先生周年纪念之日，送上后辈的思念与敬仰，以勉事业与同道、以慰先生之英灵。谨此，代表舞协向先生致以最崇高的敬意！

序　盛婕——中国新舞蹈艺术运动的巾帼俊杰

冯双白

盛婕，一个光辉的名字，也是一个容易隐藏在吴晓邦身后被人忽略的名字，更是一个不能被忘却的名字！

毫无疑问，新舞蹈艺术运动是深刻影响了现当代中国舞蹈艺术道路的"引路人"。其重要程度，无论怎样评价都不为过。没有吴晓邦先生的独舞《饥火》、三人舞《义勇军进行曲》、舞剧《虎爷》《罂粟花》，没有戴爱莲先生的独舞《思乡曲》《东江》《卖》，以及闻名遐迩的"边疆舞蹈大会"上惊天问世的《瑶人鼓舞》等作品，真正剧场意义上的当代中国舞蹈创作之起步不知道还要推迟多少年！

吴晓邦和戴爱莲，被公认为新舞蹈艺术运动的旗手和开拓者。然而，或许是因为嫁给了吴晓邦的缘故吧，盛婕，一个同样具有历史地位的杰出舞蹈家，常常被人视作吴晓邦背后的女性。

人们也许忘记了一个现当代舞蹈的历史性事件"戴爱莲、吴晓邦、盛婕三人舞蹈晚会"。

据历史资料记载，受到爱国热情的感召，1940年戴爱莲从国外回到祖国。1941年，已经相识并相恋三年的吴晓邦和盛婕，在重庆举办盛大的婚礼。婚礼上，名流云集，著名画家叶浅予携戴爱莲为新人道喜。而且为欢迎戴爱莲而特地举行了一场舞蹈演出，盛婕与吴晓邦、戴爱莲的名字，并列在一起！

晚会上，戴爱莲表演了《思乡曲》《哑子背疯》等代表作，吴晓邦则拿出了绝活独舞《思凡》，以及讽刺汪精卫政府卖国行径的《丑表功》等作品。盛婕表演的是《流亡三部曲》。

《流亡三部曲》原本是日本发动侵华战争之后，中国的音乐家深刻表达中国人民苦难和反抗侵略的三首歌曲，当时在大江南北广为传唱。盛婕采用同名曲目结构整个舞蹈，根据歌曲而分为三个部分：第一部《松花江上》，在催人泪下的旋律里，歌声传来："我的家在东北松花江上，那里有森林煤矿，还有那漫山遍野的大豆高粱"；"九一八，九一八，那悲惨的日子，让我脱离了我的家乡"……盛婕用生动感人的舞蹈，刻画了一个流离失所的东部姑娘的悲惨形象。第二部是《流亡曲》，又名《离家》，面对国家生死存亡的关头和人生悲境，提出了"流浪到哪年，逃亡到何方"的责问，艺术化地指出：我们的祖国已整个在动荡，我们已无处流浪，也无处逃亡。哪里是我们的家乡？哪里有我们的爹娘？百万荣华，一霎化为灰烬；无限欢笑，转眼变成凄凉。这个部分以"心的颤动""灵的叫喊"，向千千万万的同胞发出民族危难的警报："我们休为自己打算，我们休顾个人逃亡。我们应当团结一致，走上战场誓死抵抗！打倒日本帝国主义，争取中华民族的解放！"第三部是《复仇曲》，又名《上前线》，是继《流亡曲》之后喊出"跑上战场，誓死抵抗"的誓言。歌曲情感炽热，旋律高昂，而盛婕的舞蹈也在激烈的律动中达到了高潮。

与戴爱莲和吴晓邦的作品主要用钢琴伴奏不同，盛婕的舞蹈，采用现场女声合唱团演唱，当时参加演出的合唱团将近四十人，分列在舞台的两边，每侧二十人左右。盛婕的出场，扮演了一个逃难者成长为战士的独特心理过程，演出之后大获好评，许多人深受心灵震撼。看了演出之后，邓颖超曾经对盛婕大加夸奖说："自从悲壮的歌声一起，你一出场，我就眼泪不停地流。"

值得历史学家关注的是，当时的报纸热议这个三人舞蹈晚会，赞誉有加地评论：新舞蹈的先锋！

这个评价，或许就是中国"新舞蹈艺术运动"明确登上历史舞台的明证！

如果我们分析一下三位舞蹈家的艺术创作源头，就不难理解这场演出被命名为"新舞蹈先锋"的奥秘。

戴爱莲，14岁到英国，先后追随安东·道林、玛格丽特·克拉斯特和玛丽·兰伯特学习芭蕾舞，20世纪30年代开始学习现代舞，在著名德国舞蹈家魏格曼剧团的工作室里，全面接受表现主义现代艺术的熏陶。她考入尤斯舞蹈团的经历，更让她深刻领会了现代舞对于芭蕾艺术的超越。可以说，戴爱莲是在德国真正接受过魏格曼"新舞蹈艺术"观念和训练的第一人。

非常巧合的是，吴晓邦几乎与戴爱莲同时，开始接触芭蕾舞和德国现代舞。他从1929年至1936年，曾经三次东渡，赴日本学习。他追随着著名日本舞蹈家江口隆哉学习舞蹈，而这位日本老师自己就是又学过芭蕾舞又热衷于现代舞的艺术家。江口隆哉于1937年赴德国学习现代舞，师从表现主义现代舞大师魏格曼。1938年江口隆哉回日本开设舞蹈研究所，创作和教学并重。他主张按人体的"自然法则"发展动作，并且创作了以电影蒙太奇手法和按照空间动作逻辑编排的舞蹈作品，如《柏林——城市交响乐》等。他的主张影响了许多舞蹈家，其中就有来自中国的吴晓邦。

如上所述，我们发现，戴爱莲和吴晓邦，同样有学习芭蕾舞的经历，而在现代舞方面，两位其实师出同门——德国表现主义舞蹈家魏格曼。魏格曼的舞蹈，在德国就被称作"新舞蹈"，自然法则，就是新舞蹈的独特标识之一。魏格曼现代舞一般被认为属于"表现主义"的范畴。表现主义的现代艺术，发源于人类第一次世界大战后人类社会的巨大矛盾状态和激烈动荡的社会生活，在艺术形式上形态各异，但又具有某些共同的特征。一般而言，德国表现主义往往以社会动荡中人性所呈现出来的某种特质为表现对象，注意抓取人类的内心世界复杂多变的深层情感，突破欧洲传统艺术的美学规范，拒绝平庸化地再现和模仿现实生活，强调人之主观感受，甚至不拒绝原本很少在艺术作品中触及的某种丑陋或怪诞。表现主义艺术在绘画领域取得了很大影响，又波及电影、戏剧、舞蹈等艺术载体。表现主义的现代艺术家常常善于在作品中传达某种激烈的个人感情色彩，客观世界让位于主观感受，传统的"优美""和谐""愉悦"让位给"冲突""挣扎""忧郁""纠结"等痛苦的内心体验，恰如梵·高夸张而怒放的《向日葵》，或是蒙克《呐喊》绘画作品所呈现出来的缠绕、扭动、狂乱的线条和色彩。魏格曼所创立和发展出来的舞蹈，与德国表现主义艺术具有大体相同的艺术理念和气质，她关注人类内心世界的问题，提出了在"紧张—松弛"的基本人体动律中寻找舞蹈艺术本质的观念。针对于传统欧洲芭蕾舞的典雅和规范，她倡导跟随内心的即兴舞蹈和无音乐舞蹈。在创作思想上，她主张"没有狂喜，就没有舞蹈；没有形式，就没有舞蹈"的身心一元论。拉班有关"空间、时间、能量"的三大艺术要素观念，深刻影响了魏格曼的动作艺术观念，她的一系列作品，如《祭祀形象》《巫舞》《幻象》《暴风雨之歌》《献祭》《命运之歌》《俄耳甫斯与尤里底斯》《春之祭》等，都让人联想到世界大战带给人类的生活毁灭和巨大精神痛苦，从中发现尼采的悲剧美学、弗洛伊德的精神分析学或柏格森的生命哲学观念的某种影响。

如果我们把吴晓邦、戴爱莲早期作品与被称作"新艺术"的德国表现主义艺术、魏格曼的表现主义舞蹈做个勾连，就会发现一条鲜明的艺术发展线索。我们在吴晓邦的《送葬曲》《浦江夜曲》《爱的悲哀》《游吟诗人》《奇梦》等作品中，可以发现极其鲜明的主观色彩；更可以在他脍炙人口的《饥火》《思凡》《网中人》《丑表功》《情报传递者》《义勇军进行曲》等作品中看到第二次世界大战加给中国人民的巨大社会痛苦以及中华民族顽强不屈的反抗和斗争。与此同时，我们同样可以在戴爱莲的《思乡曲》《森林女神》《拾穗女》等作品中寻见人类精神世界的变幻莫测，更可以在她振聋发聩的《东江》《警醒》《空袭》《游击队的故事》《前进》等一系列表现抗日战争里中国人民遭遇的历史磨难和反抗侵略的伟大事迹。

如果我们把1941年重庆举行的戴爱莲、吴晓邦、盛婕三人舞蹈晚会，放在上述的历史坐标中去观察，就可以清晰地看到盛婕的历史地位——她以从东北流亡而来的一个舞蹈家的身份，用亲身经历和感受，所参与创作与主演的《流亡三部曲》，恰恰非常精准地反映了二次世界大战里中国北方人民流离失所、悲惨至极的生活感受，传达了中国人面对巨大历史苦难时人性的扭结和逐渐生发起来的反抗精神。这反抗的精神火种，一旦被点燃，就要爆发出不可阻挡的力量，像是喷薄而发的火山，将一切侵略者吞噬和烧光！

如果说，吴晓邦是中国"新舞蹈艺术运动"的主旗手，他高高地、明确地举起了这面大旗，筚路蓝缕，冲锋陷阵，呐喊着"为人生而艺术"的口号，开拓了中国现当代历史上全新的舞蹈艺术之路，那么，在我看来，戴爱莲和盛婕，就是两位"新舞蹈艺术运动"的举旗人，她们也用自己的舞蹈艺术创作和表演，深深影响和感染了中国新舞蹈艺术的第一批观众，建立起中国都市剧场艺术中最初的舞蹈观念，用自己的美丽、独特、细腻、富于巨大表现力量的肢体语言，让更多的人接受和逐渐爱上了新的舞蹈——这新形态的舞蹈艺术，与传统中国宫廷舞蹈完全决裂，与自娱自乐的民间舞蹈也性质不同，形态各异；这新舞蹈艺术，点燃了艺术的精神火炬，照亮了中国人 20 世纪初叶开始的民族觉醒之路，照亮了中华民族伟大复兴的历史征程。

为此，我们决不应该忽略盛婕的历史地位，绝不要忘记她的历史贡献！

当然，有人也许会觉得，吴晓邦和盛婕的相恋和结婚，才促成了三人舞蹈晚会的历史机遇。而这个舞蹈界郎才女貌的旷世绝配，才使得一个偶然的结合造成了历史的决策。

我却在梳理盛婕的人生轨迹时，发现了在这场旷世绝配的婚恋以及由此带来的三人殊荣——新舞蹈艺术的先锋——之间，那个命里注定的中国舞蹈走向。

说到盛婕，人们一般会提到她的一位声名显赫的祖辈——盛宣怀。盛宣怀祖籍江苏江阴，1844年出生于江苏常州，是清末买办，洋务派代表人物，著名的政治家、企业家和慈善家，被誉为"中国实业之父""中国商父""中国高等教育之父"。盛宣怀创造了多项"中国第一"：第一个民用股份制企业轮船招商局；第一个电报局中国电报总局；第一个内河小火轮公司；第一家银行中国通商银行；第一条铁路干线京汉铁路；第一个钢铁联合企业汉冶萍公司；第一所高等师范学堂南洋公学（今交通大学）；第一个勘矿公司；第一座公共图书馆；第一所近代大学北洋大学堂（今天津大学）；创办了中国红十字会；等等。盛宣怀一生经历传奇，成就不凡，影响巨大。也正是因为盛宣怀开创实业的缘故，作为盛宣怀侄子而又是盛婕的父亲才得到去哈尔滨从事电力事业的机会，也让从小生活在江南水乡的盛婕有了接触俄罗斯芭蕾舞的机遇。

家族的深刻影响，不仅仅在具体的人生路途，更在于治世方略和文化思想的潜移默化之熏陶。

以李鸿章、左宗棠、曾国藩等人为代表的洋务派，是清朝封建统治阶级中不甘灭亡的一部分变革者，力图突破藩篱，护佑中华。洋务派提出了"中学为体，西学为用"的主张，所谓"中学为体"，即以传统的封建纲常名教为根本主体；"西学为用"，即学习外来的科学技术，"以夷制夷"，发挥实用作用，辅助中华前行。洋务派的主张，以及他们所开创的一系列治国举措，让整个中国社会不自觉地朝以大机器为标志的资本主义方向迈进了第一步，功不可没。洋务运动虽然最终因为沉重的封建包袱阻滞了变革的步伐，政治思想无法最终突破封建主义的枷锁，而最终失败，并由新民主主义革命运动所完全取代。但是，洋务运动所倡导的社会变革，特别是其主张的向西方先进工业技术学习，向外来文明开放的胸怀和眼界，对于中国新文化的兴起，还是起到了巨大的社会推动作用。我们可以清晰地看到，正是洋务运动带来的社会思想和兴办实业等变革，成为吴晓邦和盛婕二人结合的真正思想基础。

  吴晓邦和盛婕的人生轨迹，也有许多机缘巧合之处。1928年，盛婕随父亲从江南到东北。当盛婕在哈尔滨向俄罗斯人学习芭蕾舞的时候，1929年吴晓邦正在获得赴日留学的机会，并且开始接受芭蕾舞的启蒙。二人的芭蕾舞学习，只相差一年。随后，在上述的社会变革大思潮里，吴晓邦弃商从艺，进入新舞蹈艺术征程的他于1932年、1935年两次从日本回国，创办了晓邦舞蹈学校和晓邦舞蹈研究所，并于1937年举办了第二次吴晓邦舞蹈作品发表会。正是在1937年，盛婕回到了出生地——上海，并且考入上海中法戏剧专科学校。中法戏专的舞蹈任课教师，正是吴晓邦。于是，二人的生命轨道在此交集，碰撞出中国新舞蹈艺术的灿烂火花。没有清末民初的社会大变革，没有"西学为用"的社会主张，也就不会有吴晓邦弃商从艺的激进行为；没有盛宣怀受到李鸿章的重任，没有盛氏家族的诸多开创举措，也就没有盛婕的人生命运转折。由此，我们可以看到一个大的社会变革，怎样具体落实和影响到某个个体的生命运动方向；又可以看到个体生命的运动和转折、结合、碰撞，怎样点燃一个小小的火花，再引发熊熊燃烧的大火——吴晓邦和盛婕的结合，恰如在世界性的现代舞思潮和中国社会20世纪大变革的多重作用力下，以个体的力量，推开了中国新舞蹈艺术的时代大门！

当然，大门与大道，是不同的两件事。当那扇大门打开之后，铺平大道的，其实是远在黄土高原上的一场新秧歌运动。时间正是1942至1945年。据盛婕回忆，她和吴晓邦的结婚，其中一个重要原因是他们二人都想去延安，并且得到了周恩来和邓颖超的支持。为了有一个更好的前行同伴，也为了共同的艺术理想，为了在延安实现共同的梦，盛婕和吴晓邦结为伉俪。他们在1945年6月通过重庆八路军办事处到达了延安，全新生活如同新秧歌一样让他们的舞蹈艺术踏上了康庄大道。与此同时，也是在1945年的春节，戴爱莲应邀参加在重庆举办的《新华日报》诞生7周年纪念活动，她欣喜万分地看到了来自延安的新秧歌表演和秧歌剧《兄妹开荒》。戴爱莲极为振奋，像发现了新大陆一样，完全被新的艺术所吸引。1945年春夏之交，她深入康藏地区，用拉班舞谱记录了8个原生形态的民族舞蹈，并于1946年在重庆会堂举办了"边疆音乐舞蹈大会"，一举轰动全国！由此，"边疆舞"风靡全国。

1945年，是新舞蹈艺术运动的转折之年，是吴晓邦高举、戴爱莲和盛婕护卫的"新舞蹈艺术运动"旗帜高高飘扬的一年。从此之后，盛婕在中国民间舞的发展道路上砥砺前行，奋勇前进。她在1953年为北京舞蹈学校筹建中国民族民间舞教材，担任中国民间舞教员训练班主任，主持制定了第一部《中国民间舞》教材；她多次带领师生深入民间，搜集整理民间舞，今天的东北秧歌教材、安徽花鼓灯教材，都有盛婕的默默贡献。她以极其开阔的艺术视野，为江西傩舞整理和记录了大量珍贵资料，又为福建高甲戏、梨园戏、莆仙戏中的舞蹈悉心整理，居功至伟。这一切，都源于1945年的那一个向着延安启程的清晨。

我曾经坐在盛婕先生的旁边，听她讲述，当她和吴晓邦等人一起，经过长途跋涉，走到沿河边，看到了延安城头时，内心的无比兴奋。我清晰地记得，她讲述到那个时刻，笑得像个孩子！太阳照亮的大道上，那个美丽的女舞者，脸上带着满满的喜悦！

目 录

第一部分 永恒的记忆

创作最新最美的舞蹈迎接国庆十周年　　　　　　盛　婕 003
在国际文化交流活动中的中国舞蹈　　　　　　　盛　婕 009
出访者的话
　　——记吴晓邦、盛婕、董锡玖访日归来　　　蒲以勉 017
学习晓邦"为人生而舞为人民而舞"
　　的坚韧不拔的创新精神
　　——在吴晓邦百年诞辰纪念大会上的发言　　盛　婕 024
绿叶的魅力
　　——记舞蹈家盛婕　　　　　　　　胡　克　朱世忠 027
追寻
　　——忆晓邦、盛婕老师在安徽　　　　　　　芮淑敏 033
奋进的历史　永恒的记忆
　　——建党八十五周年前夕访舞蹈艺术家盛婕　益　虫 037

话说师母
　　——盛婕大作《忆往事》出版有感　　　　蒲以勉 043
新中国民族舞蹈教育的起步　　　　　　　　　蒲以勉 054
坚毅女性的可敬形象
　　——盛婕自传文集《忆往事》序　　　　　游惠海 060
默默地奉献
　　——记盛婕同志对舞蹈研究工作的贡献　　王克芬 064

第二部分　追忆文章

我的师母盛婕　　　　　　　　　　　　　　　欧建平 077
"为人生而舞"舞出美丽人生　　　　　　　　张　华 087
晓邦的一半是盛婕　　　　　　　　　　　　　于　平 092
风中牡丹　舞中女杰
　　——深切怀念盛婕先生　　　　　　　　　吴露生 119
追忆盛婕老师回"婆家"　　　　　　　　　　陈秉钧 129
中外舞蹈交流史上的盛婕先生　　　　　　　　赵金领 134
看《忆往事》有感　　　　　　　　　　　　　吴继光 141

第一部分 永恒的记忆

创作最新最美的舞蹈迎接国庆十周年

盛 婕

1959年的国庆日,是我们建国十周年的伟大节日,也是全国人民鼓足干劲、力争上游、多快好省地建设社会主义,并提出苦战三年、改变面貌的具有决定性的一年,那些史无前例的惊人跃进事迹的出现,正是这个新时代的产物。为了迎接这个伟大的时代,各艺术门类都在热烈地做着准备工作,舞蹈工作者也无例外,必须争取创作出思想性、艺术性很高,无愧于这个伟大时代的舞蹈作品。

九年来,舞蹈工作者在党的领导下,创演了不少优秀的舞蹈节目,年轻舞蹈工作者的队伍也逐渐在群众中成长壮大起来,特别在1958年"大跃进"以后,各地舞蹈工作者纷纷上山下乡,劳动锻炼,同时也进行了一些创作演出活动,这些演出推动了当地群众的歌舞活动,成为全国舞蹈艺术大普及的一支生力军。而全国农业大跃进很快进入人民公社和工业的全民炼钢铁的发展阶段,更进一步

20世纪50年代盛婕带领研究会同志去江西收集傩舞

带动了人民群众的舞蹈活动。哪里生产跃进，哪里就有歌唱和舞蹈。生产好的地区，生活得到改善，歌舞也就发展得很快。当劳动人民掌握了文化知识，也纷纷办起了艺术学校，为培养新的人才并创造和享有劳动人民自己的艺术而努力。

所以说舞蹈工作者在"大跃进"中，随着国家的发展进行舞蹈艺术大普及，为实现人人能舞的国家而努力，但是在大普及的基础上需要注意提高，创作出最新最美的舞蹈。

如何积极繁荣创作，并对创作提出无愧于我们这一个伟大时代的要求？我认为，舞蹈工作者首先要使自己具有共产主义思想道德品质、气魄和风格。今天在工农业大跃进中，劳动人民中出现了具有共产主义思想、道德品质的人物。他们忠于党的事业，为社会主义建设干劲冲天，创造了中国历史上从来没有过的奇迹。这些新人新事，实际上就是我们需要学习与歌颂的典型人物。如八年的抗美援朝，各个革命阶段中的斗争史与英雄人物，以及中苏友谊、将军下连队当兵、民族团结等各方面的题材，都可以根据具体地区与历史情况，用最完美的舞蹈形式来反映它与宣传它。

现在全国各地的舞蹈工作者，已经明确了上山下乡和下连队当兵的决心，这就为今后的舞蹈创作创造了新的条件。这不仅是舞蹈工作者与劳动相结合，也是专家与群众结合，并且也是又红又专的道路。没有这样的决心是很难把舞蹈艺术提高到为生产服务和为政治服务的要求上去，也很难要求舞蹈工作者去理解舞蹈艺术和生产劳动相结合的关系，也就不可能与劳动人民共呼吸。

要创作具有共产主义气魄和风格的作品，其次必须在理论上学习革命的现实主义与革命的浪漫主义相结合的问题，这是我国目前积极提倡的创作方法。我们既要注意依据今天生活面貌来创作，又要有共产主义的远大理想，才能反映出我们今天的现实。换句话说，既要从现实出发，又要站得更高、看得更远，不浮于表面的现实；既要有远大的、崇高的理想，发挥极大的创造性，又不能脱离实际，违背现实发展规律而流于虚幻。

从民歌的例子来看，民歌是完全从生活出发的，是和生产劳动密切结合的，如在1958年安徽省巢湖县抗旱运动中出现的民歌：

> 大红旗下称英豪
> 端起巢河当水瓢
> 不怕老天不下雨
> 哪里干旱哪里浇

这首民歌就是从抗旱的冲天干劲内产生的，它反映了人民在生产劳动中无畏的斗争气魄，人能胜天，当然也能管天管地。

另外如安徽芦剧团《牛郎织女笑颜开》这出戏就是根据民歌编制的，这出戏绝不是几个作家凭空想出来的，它是从劳动人民战胜自然后，人民新的生活面貌和愿望着手而编写的。这里破除了过去人们对神话的看法，而大胆去创造了新的神话。如果从毛主席提出的革命的现实主义与革命的浪漫主义相结合来看，我认为这是一个值得我们去学习的例子。

所以我说，舞蹈创作是否也可以考虑从民间诗画上来选取题材，事实上有的地区已经这样在进行了。因为民间的诗画是以生活现实和生活愿望来写与画的，读读民歌，赏赏诗画，就会感到劳动人民在建设社会主义的颗颗雄心，鼓舞大家都要投身到建设的现场中去。如果我们能够通过诗画，深入生活，研究生活，那对共产主义的气魄和风格就会有更进一步的认识，也一定能破除些教条。中国民间舞蹈本身既丰富多彩又非常灵活，也一定会像民歌一样，使我们的舞蹈创作，与天上的星海一样璀璨。

但我们还要在星海中找又明又亮的卫星，卫星是没有界限，没有范围，没有定型的，各社、各乡、各县、各省都可以放出卫星，也各有其卫星。实际上只要是人民创造性的劳动，突破过去陈规，或是超过以往的成就，就可以成为卫星。

关于专业团体放卫星的办法，可以采取：一、收集群众中已成的作品或题材加以整理和加工；二、有了题材后，再深入生活，访问群众，听取群众的意见，加以编制和发挥；三、从历史舞蹈题材上加以新的发挥等，但必须走群众路线，因为专业团体不是为了提高而提高，而是从普及基础上去提高，要求放卫星放得更新颖、更

舞蹈史研究小组

美丽，更有指导性。可是农村与工厂内放出的卫星也不等于是一般的卫星，它们也可以放出最新颖和最美丽的卫星。

所以说放卫星不是神秘的东西，放卫星本身也是舞蹈工作者的学习和工作。目前的问题是要我们放得又明又亮，那就要我们鼓足干劲、力争上游。只要我们更好地学习共产主义思想道德品质，具备共产主义气魄和风格，同时又能依靠领导，和生产劳动结合，走群众路线，那么创作出最新颖最美丽的舞蹈是不成问题的。我们一定要积极繁荣创作，使全国舞蹈作品像星海一样，才能发现又明又亮的卫星。

(《舞蹈》，1959年01期)

在国际文化交流活动中的中国舞蹈

盛 婕

一

我国是一个具有悠久历史和优秀文化传统的多民族国家,各个民族都具有自己独特的舞蹈艺术。但在中华人民共和国成立前,中国舞蹈由于长期遭到帝国主义的侵略与反动统治者的摧残,得不到发展。当时虽然也有为数极少的专业舞蹈家,但是他(她)们不仅在工作上,甚至在生活上也很难得到保障。至于民间大批舞蹈家,就更不用说了,他(她)们的活动是被反动统治者所禁止的。

自从1942年,毛主席《在延安文艺座谈会上的讲话》发表后,全国大批文艺工作者,深入农村、工厂和部队,掀起了全国有名的秧歌舞运动。

中华人民共和国成立后，全国舞蹈工作者在中国共产党的"面向工农兵""百花齐放、推陈出新"及"发展民间艺术"的文艺方针正确指导下，十年来，专业的舞蹈工作者队伍日益成长壮大，形成了一个四千余人的新兴队伍。舞蹈家们继承与发展了民族舞蹈的优秀传统，创作出不少优秀的艺术作品，其中有些作品随着国际文化交流的发展，已经拥有世界上许多国家的广大观众，并且有四十多个节目曾在历次的世界青年联欢节比赛中获奖，其中有二十多个舞蹈曾获得金质奖章与一等奖。

二

十年来在国际文化交流方面，中国已经有数百位舞蹈家参加了六十多次出国艺术团的活动，带着中国六亿人民热爱和平的愿望，访问了四十多个国家，同时有六十六个外国艺术代表团，五千多位优秀的艺术家来我国访问演出。十年来，中国舞蹈家们认真地学会了百余个各国优秀舞蹈节目保留在我国舞台上，每当演出时，都得到广大中国观众的欢迎。同时，中国舞蹈家也教会了各国舞蹈家五十多个中国舞蹈节目，并协助苏联新西伯利亚歌剧院排练了中国舞剧《宝莲灯》。通过这些演出、观摩、座谈和互相学习、交流经验等活动，不仅使舞蹈家们丰富了世界舞蹈文化的知识，同时也促进了各国人民间的相互了解，使许多国家的人民对中国有了更进一步的认识，在加强各国人民之间的友谊，促进文化交流和维护世界和平等方面，都起到了积极的作用。

盛婕在延安鲁艺时期

三

舞蹈艺术在国际文化活动中，也是一项重要的组成部分。因为它不受语言的限制，是通过人的形体姿态和动作表情代替语言表达的。它不仅善于表现欢乐的情绪，也可以表现各种细致、复杂的思想感情，还可以表现人物的性格具有戏剧性。它更要求思想感情与形象的高度集中，姿态的雕塑美，线条鲜明，同时又要有诗的意境，与音乐血肉相连，共同表现出人民生活愿望和意志的一种综合艺术，所以说舞蹈在国际文化活动上是最容易为其他国家的人民群众所理解与喜爱的一种艺术形式。

中国舞蹈在国外的演出，不仅在政治上起到了积极作用，同时也为世界舞蹈文化增加了精神财富。国外舞蹈家们一致认为："中国的舞蹈是丰富多彩的，有其独特的风格。"如《红绸舞》《龙舞》《狮舞》《荷花舞》《采茶扑蝶舞》《扇舞》《孔雀舞》等，均能引人入胜。欧洲人民在看过《红绸舞》后说："看到中国人民用红绸在天空写出了一首美丽的史诗。""是美的象征，是火的海。"还有一些兄弟国家的艺术家说："《红绸舞》象征新中国的伟大胜利，中国劳动人民的愉快幸福生活。"同样，他们对《龙舞》表示了惊讶，认为："这是反映出新中国人民的思想和愿望的艺术。这是天才的中国艺术家用智慧创造的奇迹。"中国舞蹈家们的进步与中国艺术的发展，也使苏联的舞蹈家感到高兴。他们说："特别令人高兴的是中国舞蹈家们的进步，中国的艺术发展突飞猛进。《花鼓舞》《龙舞》《春到茶山》在构图、演技的装饰上都可以算作舞台民间舞的杰作。在艺术中创造性地体现了民间传统，把民间传统同舞台文化结合起来。"当然，这些称誉是对我们热情、友好的鼓励，也是促使我们更加努力的一种有力的鞭策。

中国舞蹈之所以能在国际舞台上大放光彩，是由于保持与发展了中国舞蹈艺术的传统特点。从许多得奖节目来看，它们通过富有特色的舞蹈动作及轻盈的步法，表现出了人民性格的活泼、勇敢和机智，并善于运用各种各样的道具来舞蹈。如《绸舞》《剑舞》《龙舞》《狮舞》等，因演员肢体的灵活与准确，与对意境的丰富的表现力，形成了浪漫主义色彩的独特风格。一位印度评论家说："中国舞蹈优美、柔和、朴实，只有像中国这样具有悠久文化传统的国家才能有这样的舞蹈。"

中国舞蹈艺术的另一特点，是充满了乐观主义色彩与爱国主义的热情，并且在艺术合作上，表现出了高度的集体主义精神，具有新的共产主义风格。

中国古典舞剧《三岔口》也受到了苏联及各国人民的热烈欢迎。他们认为："这是中国古典舞剧的范例，它用幽默的情调，用高超的舞蹈特有的准确性，表现了中华民族自古以来的勇敢与高度智慧。"

四

十年来在国际文化交流中，舞蹈艺术之所以获得这些成就，第一，先与党和政府对舞蹈艺术工作的关怀与提倡是分不开的。正因为我国政治、经济、文化的巨大变革，广大人民物质生活的改善和文化水平的迅速提高，为舞蹈艺术的发展提供了必要的前提和有利条件，也为舞蹈创作提供了丰富的题材，我国舞蹈家在党的领导下，正是怀着这种歌颂祖国、歌颂伟大时代的激情，以自己的艺术实践，和全国人民在一起，投入伟大的社会主义建设事业。在历次政治、文艺思想改革中，舞蹈工作者逐步提高了政治觉悟与艺术思想，通过不断的艺术实践，产生了大批优秀的作品。

第二，与舞蹈家们团结一致，努力继承前人以杰出的才能和不倦的劳动所创造的优秀舞蹈遗产，和不断地从事发展工作是分不开的。当我们选拔出国演出的节目时，首先是在广大人民群众喜闻乐见的传统舞蹈形式的基础上考虑，然后再通过会演方式，层层选拔优秀节目，经过舞蹈家的整理、加工、改编，这样，我们所选出的节目就能充分表现中国舞蹈的民族特色。

第三，是中国舞蹈家们不断虚心学习各国先进经验的成果。中国人民自古以来，从不拒绝学习外国一切优秀的艺术。中华人民共和国成立后，各国艺术团的舞蹈家们每次来中国表演，都给了我们学习各国舞蹈艺术的先进经验与技术的机会。各国舞蹈家热情地来中国教学，帮助我国建设舞蹈艺术的专业学校。由于朋友们的直接或间接的帮助，使得我国的舞蹈家们有可能创造性地运用这些先进的经验，来丰富与发展中国舞蹈，使我国的舞蹈艺术事业能够更快、更全面地成长与发展。在谈到中国舞蹈在国际文化交流上获得成就的时候，使我们非常自然地联想起，应该向苏联以及各国舞蹈家表示感谢；为朋友们以辛勤的劳动，在中国的艺术园地里洒下的友谊的种子，能开放出鲜艳的舞蹈艺术之花而感到特别高兴。

以上这些成就是与我国社会主义建设事业的优越性分不开的。它为中国舞蹈艺术创造了亘古未有的优越条件。尽管如此，中国舞

1956年盛婕（左五）带团去苏联访问

蹈家们仍然需要做更大的努力,提高政治觉悟、思想水平和艺术表现能力。

在建设社会主义事业大跃进的时代中,全国的舞蹈家们,正信心百倍地以刻苦的艺术实践,努力提高创作与表演的艺术质量,为加速中国舞蹈艺术的发展而奋斗。

(《舞蹈》,1959年10期)

出访者的话
——记吴晓邦、盛婕、董锡玖访日归来

蒲以勉

应日本国第三届"埼玉国际舞蹈创作大奖赛"之邀请，元月9日至21日由吴晓邦、盛婕、董锡玖率领的成都市歌舞团舞剧《鸣凤之死》剧组赴日参赛，吴晓邦为大赛的评委。

中国现代舞首次参加国际比赛便旗开得胜，获得了头奖——"皇冠"金杯。在我们为此庆贺之际，来听听出访者的话吧！

——编者

吴晓邦：这是我生平第四次东渡扶桑，阔别五十年重访日本，不禁感慨万千。

盛婕同吴晓邦访问日本期间

日本是我学习舞蹈的地方，在这里我接受过高田雅夫及江口隆哉两位先生的教导，使我跨入了舞蹈艺术的大门。

1月9日我们到达东京成田机场所受到的欢迎仪式，以及在埼玉县接受的礼遇，都可以看到中日文化与友谊中所蕴含的特殊亲密关系。

共有六个国家参加了本次比赛，除日本外，还有中国、德意志联邦共和国、马来西亚、新加坡、南朝鲜（现韩国）。我们这个代表团破格于埼玉大宫旅馆下榻，接受了埼玉县知事烟和先生的接见。接见时完全按照国宾的规格，知事用中文宣读欢迎词，隆重严肃。11日我在浦和市民会馆做了题为"中国舞蹈的概况"的演讲。在40分钟的演说中，我首先说明中国现代舞蹈，是从中国现实生活的基础上发展的，并提到参赛的中国现代舞剧《鸣凤之死》，就是根据中国现代文学家巴金的名著《家》改编而成的，我的讲话引起了听众的广泛兴趣。这天晚上，各国代表又观看了《鸣》剧的彩排，反应非常热烈，得到了一致的好评。

埼玉国际舞蹈比赛实际是现代舞大赛，我国是首次参加。日本的现代舞来源于德国，所以日本至今仍崇拜德国现代舞蹈。

董锡玖：（插话）德意志联邦共和国参加比赛的舞蹈名为《搬石头的后面》，由三人表演，三人分别饰母亲、女儿和身份不明的男子。据说古代日本有一位像我国的杨贵妃那样有名气的美女，《搬》舞便是根据这个传说改编的，所以舞蹈是按日本的"能"发展的，描绘了这位女子年轻时与年老后的心理，但是演员并不穿日本服装，不用"能"的动作。

吴晓邦：目前的日本现代舞几乎完全沿用了西方的模式。而相形之下，《鸣凤之死》在比赛中富有特色，因为它依循了中国现代文学，所以和西方现代派舞蹈有了根本的区别，被评委们公认为交响式的现代舞，尤其是女主角张平出神入化的演技，细腻准确地将追求爱情、反抗封建礼教的中国贫苦女性的悲剧表现了出来，鸣凤的形象是具体的、有血肉的，因而张平的表演被誉为比赛中最出色的女主角。

中国现代舞虽然在国际舞蹈赛场上初露头角，但它却以自身独具的审美特征，赢得了人们的注目，这也是我们夺魁的主要原因。

盛 婕：（插话）《鸣》剧在比赛中获得胜利并不是一帆风顺的，一方面我们的演员很争气，另一方面也靠日本朋友的鼓励。他们几乎和我们一样为《鸣》剧参赛紧张、捏汗。当公布《鸣凤之死》总分为905分，居13个节目之冠时，日本朋友们的激动也不亚于我们。

吴晓邦：比赛后我们又到东京、热海及箱根作了短暂的访问，日本朋友为我们安排了丰富多彩的活动，其中最令我难忘的是与五十年前同窗的意外重逢。

董锡玖：（插话）那个不平凡的场面发生在东京，由日本现代舞协会举行的欢迎宴会上，日方的会长、副会长、秘书长等都出席作陪。开始之时宴会的气氛比较拘束，吴老师、盛婕同志被安排与会长平冈斗南夫同席。平冈是日本现代舞的权威人士，已经七十三岁，近年身体欠佳，平时很少社交。

当他与吴老师对面而坐，四目相对时，两位老人的眼睛都闪现出惊喜的光。就在吴老师把认出故友的心波传递给对方时，平冈先生欠身问道："您可是山田丽介？"（吴留日时的日本名字）吴答道："是啊！您是我的同学平冈斗南夫吧？"五十年前高田舞蹈研究所的两位年轻同学，今天以两国舞蹈界的长者与权威的身份又见面了！

盛　婕：（插话）宴会的气氛一下子变得异常活跃，酒杯的频举、照相机的闪光，把人们的情绪推入了高潮。大家由晓邦与平冈的旧谊谈到中日舞蹈的过去，谈到今天，谈到未来……

吴晓邦： 17日，在花柳千代舞蹈室举办了"中日舞蹈民族特点比较讨论会"，会上有五六十位日本古典舞蹈家参加。日本舞蹈界对中国舞蹈的动向很关心，同时也尽量让我们了解日本舞蹈的发展。我们观看了歌舞伎，欣赏了日本现代舞的演出，观摩了现代舞的教学，作了一些舞蹈学术上的交流活动。

日本朋友演出的现代舞《大地》，给我们留下了深刻的印象。这一部组舞由著名法国作曲家马拉谱曲、日本舞蹈家渥见利奈编舞，共分四章，用九首歌组成。歌词全部是唐代诗人李白、王维、孟浩然等人脍炙人口的绝句和律诗。舞蹈场面宏大、音乐尤为感人，虽然在形象上是抽象的，但情感的描写都非常真实，表现了人们对祖国大地之爱、对故乡的依恋之情。从舞中可见，编导已达到挖掘深刻形象的境地，超出了浮于表面的浅层。这种现代舞确实需要高深的艺术修养和功力，不是一般的水准所能做到的。

《大地》一舞，由法国人和日本人搬上舞台，成为动人的现代舞，是一项非凡的创造。

通过这次访问，我的感想主要有三点：第一，日本已由五十年前还比较穷的亚洲小国，变成了世界上最富有的国家之一。其主要原因在于日本最重视抓精神文明的建设，从中小学开始就用爱国主义理想的教育来培养少年儿童的良知和责任心，达到国民精神教育的需要。

日本中小学教员受到社会的最大尊重，把他们当作国民心中寄托的实施者。日本在这方面所作出的成绩，在我国的精神文明建设中是可以参考的。

第二，关于艺术上的竞技问题。日本各种艺术团体的经费不由国家负责，而国家出钱支持舞蹈竞技与比赛，并不干涉具体做法。

这种做法有其长处，它可以使艺术家获得充分的创作自由，可以鼓励舞蹈家的竞技精神。但是它也存在一定的弊端，那就是艺术家之间互不关心甚至貌合神离，随意的摸索会给艺术创作带来不可避免的盲目性。

第三，日本舞蹈界内虽然承认歌舞伎是日本民族舞蹈的"根"，但崇拜西方的思想仍然存在。今天的日本虽然不像二次大战前那样推崇德国的科技，可是随着生活方式的不断西化，一些来源于西方的纯娱乐性舞蹈，依旧在一些地区流行，日本舞蹈界认为这是娱乐，它与舞蹈艺术无关。芭蕾舞和现代舞也被移植到日本，日本人并不认为它是自己舞蹈的"根"，日本舞蹈家正在为寻根而研究和探索着。

总之，我们通过滕井公、郡司、武内正夫、葵妖子、芙二三枝予、花柳千代等各位朋友的大力帮助与热情接待，取得了此次比赛和访问的圆满成功，中日两国舞蹈的大门又得到了进一步的敞开，使我们看到了未来的美好前景。最后，我祝愿源远流长的中日舞蹈文化之河永远奔流不息！

（《舞蹈》，1986年03期）

学习晓邦"为人生而舞为人民而舞"的坚韧不拔的创新精神

——在吴晓邦百年诞辰纪念大会上的发言

盛 婕

各位领导、各位来宾、同志们、朋友们,你们好:

在党中央的领导下,由文化部、中国文联、江苏省政府主办,文化部艺术司、中国舞蹈家协会、中国艺术研究院、江苏省委宣传部、省文化厅、省文联和苏州市、太仓市等共同承办下,组织了如此隆重的纪念吴晓邦先生百年诞辰活动,使我们大家聚集在这里,共同缅怀吴晓邦先生,在此我代表吴晓邦的家人们衷心谢谢大家!

晓邦是我的舞蹈老师,我们在同一个舞蹈事业中成为战友,最后为了奔向革命圣地"延安",又结为伴侣。在这近六十年的共同生活中,我深深地体会到,他生在苦难的旧中国,受到"五四"新文

盛婕在吴晓邦纪念馆的雕像前合影

化运动和反帝、反封建爱国新思潮的影响,后来又受到中国共产党的教育,并沿着毛主席"在延安文艺座谈会上的讲话"精神,走上了中国现实主义的舞蹈创作道路,成为中国新舞蹈艺术的创始人。晓邦曾说过:"现实主义的舞蹈核心是立足于生活进行的舞蹈创作,用革命的舞蹈为人生、为人民服务,而不是因袭、盲从或为了金钱和私利,去供人玩乐;现实主义舞蹈应当启示理想,把真、善、美送到人们心中。"他是这样说的,也是这样做的。因此,他紧跟时代步伐,关注现实生活,全身心地为中国舞蹈事业的继承、发展、创新、繁荣而艰苦奋斗了一生。

晓邦是我学习的榜样,我要学习他一生追求理想,为人生而舞,为人民而舞的革命精神;要学习他为舞蹈事业不怕艰辛劳苦,奋勇前进，胜不骄，败不馁，不献媚，不落俗的精神；更要学习他刻苦学习、潜心耕耘，勇于探索，不断创新那种坚韧不拔的顽强毅力。

今天，时代在前进，经济迅猛发展，中国的舞蹈事业也得到了空前的发展与繁荣，舞蹈创作的环境也越来越融洽和谐，舞蹈活动更加活跃和多样化。处在如此伟大的时代，舞蹈更应大有作为、大有发展，让我们大家珍惜和借鉴前辈的经验，团结和谐，与时共进，创作出更多鞭笞假、恶、丑，宣传真、善、美的具有中国特色的舞蹈精品，走向世界。

晓邦虽然已经故去，但他仍活在我们的心中，晓邦的一生属于舞蹈，属于中国的舞蹈事业，我们永远怀念他、学习他。

最后，再一次谢谢大家！

（《舞蹈信息》，2006 年第 24 期）

绿叶的魅力
——记舞蹈家盛婕

胡 克　朱世忠

今年1月是盛婕同志80华诞和从艺60周年，中国舞蹈家协会、中国艺术研究院舞蹈研究所、北京舞蹈学院、原天马舞蹈艺术工作室共同为她在中国文联礼堂举办了庆贺会。中国舞协主席白淑湘主持了这次活动，出席的除中国舞协副主席贾作光、游惠海、邢志汶、舒巧和主办单位的资华筠、吕艺生、于平等同志外，还有许多舞蹈界的朋友，如文怀沙、吴祖光、陈冰夷、刘炽等各方面的学者、专家一百余人，把一个"文艺之家"簇拥得像春天一样温暖。

盛婕同志在众人热切期待的目光中，迈着矫健的脚步，露出微微的笑容走进了大厅。从她那适体的装束和典雅的仪态中，令人感到她不像一位八旬老人。如果说她是一朵美丽的"康乃馨"，倒也贴切，因为她既是一位善良、慈爱的母亲，又是一位严格、勤劳的老

盛婕八十华诞

师。但是，更确切地说，她还是一束绿叶，是一个普普通通，不喜显山露水又甘愿当好配角的人民勤务员。几度春秋、几度寒暑、几度风雨，无怨无尤，她是一位默默地为新舞蹈艺术事业奉献着自己青春和智慧的老一辈舞蹈家。

盛婕，原名盛曙霞，祖籍江苏常州，自幼丧母，随父前往北方号称"东方小巴黎"的美丽城市——哈尔滨。她很小就显露出艺术才华，能歌善舞，曾在"俄国俱乐部"学习芭蕾，受过严格的舞蹈基本功训练。她还爱演话剧，曾主演过著名歌舞剧《棠棣之花》和进步舞蹈。1937年其父病故，她又回到上海，考入中法戏剧专科学校，受教于中国新舞蹈艺术创始人吴晓邦，并主演了吴晓邦创作的舞剧《罂粟花》。由于她多才多艺，被上海剧艺社聘为特约演员，后来参加了《梁红玉》《职业妇女》《女儿国》《武则天》等剧的演出。此外，她还表演了《月光曲》《心愿》《秋思》等独舞。1940年去桂林参加了由夏衍编剧、欧阳予倩导演的话剧《心防》和由欧阳予倩自编自导的讽刺国民党发国难财的话剧《越打越肥》的演出。1941年她与吴晓邦应陶行知先生邀请，在重庆育才学校教授舞蹈。同年7月，她与吴晓邦、戴爱莲三人在重庆举行联合演出，她表演了独舞《流亡三部曲》，与吴晓邦合演了双人舞《送郎上前线》，还与吴、戴合演了舞蹈《合力》，获得极大成功，被当时重庆报界誉为"新舞蹈的先锋"。就在这抗战艰苦的年代中，她和吴晓邦老师在为新舞蹈艺术奋斗拼搏的人生路程中结为伉俪，周恩来同志和邓颖超大姐派张颖同志为他们送去了一大束鲜花，田汉同志的夫人——安娥同志为她作了傧相。1945年在周总理的安排下，他们经过辗转和颠簸，终于到达了革命圣地——延安。在解放战争中，她在祖国的东北地区播下一批新舞蹈艺术的种子。中华人民共和国成立后，1953年在筹建中国第一所舞蹈学校（北京舞院前身）中，她负责教学研究工作，亲自带领学生深入农村向各地民间老艺人学习各种民间舞蹈，从中汲取精华，整理成民间舞蹈教材，从而又培养了一批优秀的民间舞蹈师资队伍。1954年中国舞蹈艺术研究会正式成立，她出任秘书长，负责全面工作，又亲自带领研究会同志深入东北、安徽、江西、福建等地搜集民间舞蹈，其中有"东北秧歌"、安徽"花鼓灯"、江西"傩舞"、福建的"高甲戏""莆仙戏""梨园戏"等传统的民俗舞蹈。20世纪50年代初期，她还主持了中国古代舞蹈史研究的组织工作，成立了研究室，并带领年轻的舞蹈研究者求师学艺，如向欧阳予倩、杨荫浏、阿英、沈从文、阴法鲁等先生学习，从汇集

主演《梁红玉》

资料到编写，直至撰写出大量论文与著作。20世纪60年代初，她领导庆祝中华人民共和国成立十周年的中国艺术博物馆的舞蹈陈列室工作，收集了大量古代、近现代的国内外民族民间舞蹈以及新创作的舞蹈图片、面具、道具、服饰、电影等实物与文史资料，使许多同志惊诧地看到我国丰富的舞蹈宝藏。遗憾的是在那场"史无前例"的"文革"风暴中，这些舞蹈珍品几乎全部散失，而她也逃不脱"文革"的冲击，这些传统舞蹈文化珍贵史料，都成了她"复辟封、资、修"的罪证。在这场漫长的"浩劫"中，她吃了不少苦头，被推入黑帮劳改队，剪了阴阳头，打得鼻口蹿血，到现在犹落下一个"摇头症"。可以想象在那昏天黑地的日子里，她内心忍受了多少痛苦和不平。而她在被不停地轮番批斗中，始终不承认自己是"执行资产阶级文艺黑线"，也不承认自己是"反党、反人民"，她的确是一个勇于坚持真理的女强人。粉碎"四人帮"后，她复出工作时已是年近七旬的高龄，又担负大量行政事务，但她还是主抓一些重要的业务建设，如兼任《中国大百科全书·音乐舞蹈卷》的编委和《汉族民间舞》分支的主编，以及《当代中国舞蹈》的编委等工作，她是一个真正埋头实干而又甘心做绿叶的人。

庆贺会开得十分火热，出席的人已远远超过邀请的人数，"文艺之家"的大厅里人头攒动，挤满了欢声笑语的人群。

盛婕同志是一个原则性极强的人，对工作严肃、认真，一丝不苟；对同志、对下属，又是百般体贴、关怀和爱护。在"极左"的年代中，文联各协会都揪出了"右派"，而舞协却一个也没有，是她冒着挨批挨整的压力和"重业务轻政治"的大帽子，顶着逆风与干扰，保护了一批业务骨干力量。是她坚定地说："我们舞协的干部很年轻，都是党培养的，他们热爱党，没有一个反党的。"这充分表现她实事求是的精神，同时，也表现出一个共产党员的高尚品德。人都说，一个成功男人的后面，有一个坚强的女人，这话实在一点也不假，吴晓邦老师对新舞蹈艺术事业的贡献，其中就渗透着她一半的心血劳动。在"天马"期间，许多同志谑称她为"政委"，她既是一个能在幕后出主意的组织者，又是一个细心能做具体工作的实干家。在生活中她心灵手巧，屋里屋外一把手，从烹调、缝纫到料理家务，她是无所不通，又无所不精。现在，她已不再任中国舞协副主席了，但还是中国舞协的顾问，她还真的是"外甥打灯笼——照旧"，一样尽职尽责地关心着新舞蹈艺术事业的发展与成长。

  吴晓邦老师离去了，大家都在担心着她的健康，后见她讲话思维依然敏捷，都感到莫大的慰藉，并再一次感受到她是一个坚强的女性。

  愿她像青松一样挺立在高高的山岩上，愿她像"天马"一样自由翱翔在天地间。

  她，不愧是一位受人尊敬的"舞中女杰"。

（《舞蹈》，1997年02期）

追寻……
——忆晓邦、盛婕老师在安徽

芮淑敏

　　四十多年前，舞蹈大师吴晓邦先生与夫人盛婕老师前后来安徽调查、学习花鼓灯，淮河两岸的花鼓灯流行地区，留下了他们苦苦求索的足迹，也留下了他们不同凡响的舞姿。那时，两位老师正当盛年，是艺术创作的高峰期，所到之处，掀起了一次次花鼓灯热。安徽舞蹈界有幸面晤一代宗师吴晓邦的人很多，我却无缘聆听先生教诲，因为那时我才十多岁，跨进安徽艺校舞蹈科的课堂没几天，只是跟随着人群走进江淮大戏院，观赏了吴老师表演的《义勇军进行曲》《游击队员之歌》《思凡》《丑表功》……

　　光阴似箭，岁月如歌。如今半个世纪过去了，年过半百的我有幸在吴晓邦老师逝世九周年的日子里，沿着古老的淮河，一边研读晓邦老师的舞蹈专著，一边追寻先生与盛婕老师留在淮河岸边的人生轨迹……

两位老师在安徽的往事，我听了不少。有个小故事，给我的印象尤深。淮河南岸有个凤台县，是个远近闻名的花鼓灯之乡。1952年，吴晓邦夫人盛婕老师首次到这里调查花鼓灯。四乡八镇的艺人都在调查组面前跳了一场拿手戏，唯独少了一位著名艺人——"一条线"。"一条线"本名陈敬之，因舞姿独具魅力，当地有"一条线一走，倒下九十九"之说。"一条线"为何没来？因为他被内定的成分是"工商业主兼地主"，正在受管制。盛婕与调查组反复琢磨后，向有关方面提出：为了全面了解花鼓灯的原始风貌，要求陈敬之出场，参加各路艺人的公开玩灯。这下可让层层领导犯难了，乡里、区里、民政局、公安局不敢同意，有人甚至吓唬说："让他玩灯，你们就别想走了！"但盛婕老师无所畏惧地找到县里，终于让县委书记点了头。

"工商业主兼地主"的陈敬之参加公开玩灯，灯迷们奔走相告，从几十里路外赶来看灯的人将县文化馆广场围得水泄不通。年仅33岁的陈敬之以丰富的舞蹈动作、妩媚动人的表演和独树一帜的颤颠步，奇妙地展现了淮河岸边农村少女的青春魅力……管制他的民兵来看了，不同意他玩灯的乡长、区长也来看了，从此，"一条线"陈敬之的境遇逐步改善。

公开玩灯了，陈敬之出头露面了，花鼓灯艺人们的顾虑消除了。他们集中到省里，积极性空前高涨。已经失传的《盘板凳》，经田振启回忆，排练出来了。田振启与訾红云、冯国佩与石敬礼的两个《抢扇子》小花场整理出来了。为了适应剧场演出的需要，专业舞蹈家与艺人们通力合作，将形式自由、即兴成分多、表演比较散漫的舞蹈重新组合，确定形式，第一次锤炼成一个有头、有尾、有层次、有情节，艺术上相当完整的舞蹈节目。这就是我们后来看到的《花鼓灯》。

从此，花鼓灯由乡村进入城市，从安徽走向全国，从国内跳到了国外，在世界青年联欢节上获奖……

1958年，吴晓邦老师又来了，此次，是带着他的"天马"来的。他后来回忆："我们决定全体出发，到花鼓灯之乡——安徽去。我当时……产生了把工作室安营扎寨在农村的想法，以及拜安徽花鼓灯老艺人为师，打算把基本功训练也寄托在花鼓灯的练习中去。"怀着这样美好的愿望，吴老师和"天马舞蹈工作室"一行二十余人，从北京出发，经省会合肥到达蚌埠，再乘淮河轮船进入怀远县，又步行37华里，抵达目的地——城北乡，开始了为期半年之久的安营扎寨的农村生活。吴老师身体力行，带领"天马"演员与花鼓灯艺人同吃、同住、同劳动，并坚持每天向他们学习花鼓灯三小时，第一次对安徽花鼓灯进行了系统的研究，同时，也使"天马"的演员比较扎实地掌握了花鼓灯舞蹈、唱词和鼓点，与老艺人结下了深厚的友谊。8个月后，吴晓邦老师的"天马舞蹈工作室"与怀远县花鼓灯队及蚌埠市文工团共同邀请全省近40名花鼓灯艺人联合演出，其中就有花鼓灯节目《花蝴蝶》《赛江南》。这两个新节目是吴老师在深入研究花鼓灯的基础上，结合当时农村的现实，用独特的艺术视角在安徽创编的，在蚌埠、合肥两地演出时，受到极大欢迎，令安徽舞蹈界耳目一新，产生了广泛的影响，再一次掀起了挖掘、创新花鼓灯的热潮。全国各地的舞蹈专家络绎不绝地来安徽采风、学习。花鼓灯艺人也在民间舞蹈的振兴中不断完善自身，逐步得到了社会的承认与尊重。

最近,我又在淮河岸边采访了"一条线"陈敬之,年逾八十的陈敬之精神健旺,已经当上了县、市两级人大代表和省四届文代会代表,享有艺术表演的高级职称,他感慨万千地对我说:"多亏了吴老师、盛老师,要不然,我无路可走……"

抚今追昔,我心目中的吴晓邦、盛婕两位老师当属仁者、智者、勇者,在漫长的艺术生涯中,他们把自己对国家、对民族的挚爱都倾注于自己的艺术事业中。他们的作品以及他们的精神,都是我们宝贵的精神财富。

我愿沿着淮河,继续追寻两位老师的人生轨迹。

(《舞蹈》,2006年07期)

奋进的历史 永恒的记忆
——建党八十五周年前夕访舞蹈艺术家盛婕

益 虫

走进和平里小区十五楼盛婕老人的家里,满眼的照片,记录着晓邦、盛婕一生的恩爱,同时也见证了新中国舞蹈的发展历程。看着照片里面容姣好的她,再比对眼前这位耄耋之年的老人,发现多了一种由生活馈赠的令人钦慕的坦荡与幸福神情。

"你们今天能看到这些照片,还要感谢周总理,是他替我找回来这些宝贵记忆的。"盛婕老师缓缓落座,开始了她对历史的回忆。

1929年,12岁的我刚到哈尔滨,1931年哈尔滨就沦陷了,直到1936年,我做了5年的亡国奴。在这5年的时间里我饱尝"国破山河在,城春草木深"的痛苦。此间,赶上我父亲病逝,送棺柩回苏州老家时,我借机从东北出来,让已在胸中燃烧多日的革命火焰得以迸发。恰巧当时碰上了一个地下革命工作者姜椿芳,我对他们并不陌生，在东北就接触过一些地下党，也常常听到他们被捕的消息，知道他们在从事一项神圣庄严而又危险丛生的工作，但我时时梦想着也能成为他们中的一员，所以当姜椿芳鼓励我去考法租界的中法戏剧学校时，我欣喜若狂。

考上中法戏剧学校，使我与吴晓邦结缘。早在此前，我就看过他表演的一个舞蹈《十字街》，里面有上海街头各种各样的形象，其中塑造的一个老板娘形象十分生动、鲜活，"老板娘那个怪模样"，像极了我当时住的肉松店里的那个老板娘，给了我很深的印象，让我重新理解舞蹈艺术的无穷魅力。所以当听说是吴晓邦做我们的舞蹈老师，异常兴奋。作为正式生我们一周有两节舞蹈课，但是吴晓邦利用同乡会的一个舞场每天都给我们上课，他运用人体自然法则给学生们进行身体训练，并在毕业时为我们排了个舞剧《罂粟花》。这是一部采用象征手法来表现反法西斯主题的节目。当时在孤岛的租界内，中国人还可以有些许自由，但公开反对德、意、日的言论与活动是不允许的，报纸上不准登载反法西斯的文章，凡有关抗日内容的节目要细细琢磨，或以古喻今，或旁敲侧击，或隐晦象征，总之，是让观众心领神会。这个舞剧的宣传力度很大，演出引发了轰动效应。

1938年时，吴晓邦参加了"上海救亡演剧队"。"五四"新文化运动以后，在以鲁迅等人为代表的国防文学的带动下，出现了新音乐、新戏剧等艺术思潮。当时有不少剧作家根据人民生存现状积极进行创作，出现了一大批新戏剧，如《放下你的鞭子》《三江好》等。这个时期，晓邦一直为戏剧表演者进行形体训练，并在剧与剧之间表演舞蹈作品，在为戏剧服务的同时，也从中汲取了丰厚的营

《罂粟花》剧照

养，将新戏剧的观念引到舞蹈艺术里来，提出了新舞蹈概念。那一时期的作品有《义勇军进行曲》《游击队之歌》《大刀进行曲》等。随同"上海救亡演剧队"四处巡演了一年，晓邦开始为新四军排练作品，将一个人跳的《游击队之歌》改编成群舞教给新四军里的儿童队。这个作品在演出时极大地鼓舞了士气，受到新四军的热烈欢迎。

后来吴晓邦去了桂林——我们的大后方。当时那里的新文化运动开展得特别好，晓邦希望我们几个学生能过去一起参加工作。我们一路上遭遇了敌机的轮番轰炸，走了有半个多月，特别艰苦。在桂林，吴晓邦一边参加欧阳予倩艺术馆的建设工作，同时又到江南戏剧专科学校教舞蹈，排演剧目。当时彭松就在江南戏剧专科学校学习。晓邦的精力特别旺盛，他在桂林办了个舞蹈班的同时，还为由周恩来、邓颖超创办的新安旅行团的儿童们进行舞蹈训练、排演小剧目，最后通过半年时间完成了一个四幕舞剧《虎爷》，并到各地上演儿童活报剧。排节目的过程中不停遇到敌机的轰炸干扰，孩子们要随时躲进防空洞里，就这样，夜以继日地排练。

1941年我同吴晓邦一起去了重庆，我当时在育才教课，吴晓邦在大梁子的歌剧院教舞蹈。刚去不久，陶行知就告诉我们周恩来要见我们，并问了我们好多情况，其实周恩来早知道我们在桂林演出，所以才提出接见我们，他希望我们去延安，本来我们也一直向往延安，也是在这个时候我们决定结婚，一起奔赴心中的革命圣地。那时延安就像灯塔一样，是我们心中的一个呼唤，是我和晓邦的一个共同追求着的理想王国。

结婚当日，不少文艺界人士前来参加我们的婚礼，叶浅予和戴爱莲也来了，有人就提出戴爱莲回国应该共同搞个演出。我们商定在6月初进行，吴晓邦和戴爱莲天天到歌剧院忙创作、排练、演出。当时戴爱莲演的有《思乡曲》《卖》，吴晓邦演了《思凡》，晓邦和戴爱莲合演了《红旗进行曲》，我和他演的是《出征》，我们三个还共同演了一个作品《合力》。我表演的舞蹈《流亡》表现的是东北流亡百姓的疾苦，因为我就是从东北来的，有极深的体会，加上歌词"我的家在东北松花江上"，邓颖超看后激动地对我说，她一直在流眼泪。彩排当天，赶上了一次大轰炸，由于轰炸持续了7个多小时，防空洞里挤的人又比较多，当时憋死了有上万人，使整个重庆的情绪受到很大影响，这场演出也因此而拖延了一个月，直到7月才成功演出。

我们准备奔赴延安之前在红岩嘴八路军办事处住了一段时间，当时住在办事处，学习马克思主义，有时周恩来也会带我们一起去看演出，但都是很秘密的行动。还记得有一次走在红岩嘴上山的路上，我走在前面，周恩来在后面说，你别回头，这条路上有很多人

《合力》剧照

监视着我们，前面的房子、那边的阁楼都有人在监视我们，因为我很少出去，所以并不知道当时的紧张状况，看着周恩来沉着淡定的样子，我也稳健了自己的步伐，那段日子过得很充实。去延安时，作为八路军办事处的家属，什么东西都不方便带，所以好多照片就放在办事处了，后来几经周折辗转至我手，是周恩来一直惦记着，为我保存了这些宝贵的记忆。

延安鲁艺有音乐系、戏音系和美术系三个系，当时吴晓邦在戏音系教舞蹈，运用人体自然法则给学生们进行身体训练。随后的解放战争，他又投身到一线，军队打到哪儿，就跟着演到哪儿，可以说是在舞蹈的热情中迎来了新中国的第一缕曙光。

《新华日报》有一段对这些新中国舞蹈艺术先驱者的评价，那就是："民族舞蹈，现在由少数的中国舞蹈艺术家在不断努力中创造建立。今天请这样理解它，它不仅是抗战史实的记录者，还是热情的宣传形式。我们非常同意，这种新的舞蹈在不断的努力创造中，一定有它光辉灿烂的前程，与我们新中国的前程一样地向前迈进。"

(《舞蹈》，2006 年 07 期)

话说师母

——盛婕大作《忆往事》出版有感

蒲以勉

盛婕是中国舞蹈家协会第四届副主席、舞蹈表演艺术家、舞蹈活动家。1917年出生，青少年时代经常参加进步文艺活动，曾参加过夏衍、欧阳予倩的话剧《心防》《越打越肥》等演出，表演独舞《心愿》《秋怨》《花之女》《剑舞》《流亡三部曲》等。1941年担任育才学校舞蹈教员，同年与吴晓邦、戴爱莲在重庆举行联合义演，轰动山城，被誉为"新舞蹈的先锋"。1954年调任中国舞蹈家协会秘书长，领导建立了中国古代舞蹈研究室、舞蹈陈列室等，创办了公开出版物《舞蹈》《群众舞蹈》和内部刊物《舞蹈通讯》《舞蹈学习资料》。二十世纪五六十年代，多次组织带领有关人员赴各地采风，抢救、搜集、整理和保护了一批珍贵的民族民间舞蹈文化遗产。几十年来，盛婕在舞蹈教育、活动组织和中国舞蹈家协会工作建设

盛婕在东北鲁艺演出后与领导、同学合影

方面做了大量工作，为新中国舞蹈事业的发展做出了重要贡献。

盛婕九十岁开始写作《忆往事》一书，历经三年终成正果，实在可喜可贺。

盛婕开创了高龄女舞蹈家著书的奇迹，她用文字做了近一个世纪的回首，又用许多照片记载了那些很难追回的时空。书中一些二十世纪三四十年代的老照片，是盛婕由上海到重庆，几经抗日战争炮火保存下来的。而她由重庆去延安时，因一路上要通过敌人的几道封锁线，需要轻装简行，在迫不得已的情况下，只好把这些老照片留在了重庆八路军办事处。万万没有想到的是，周恩来总理回延安时，竟将这些照片完璧归赵。她说就看在这一点上，也要把书写出来。

二十世纪三四十年代，中国知名的舞蹈家本不多，今天还能看到的形象资料更少，所以这些承载着舞蹈史料价值的照片尤显珍贵。

当今年轻的舞蹈家可能对盛婕已不熟悉，知道她的人，也可能会把眼光更多地停留在她是吴晓邦夫人、曾经的中国舞协副主席和舞协秘书长的身份上。然而这本书会给人以新的视角，会跟着她与岁月同行的脚步，窥知中国现代舞蹈艺术形成初期，舞蹈家生活和艺术的雏形；以及"雏形"之中的她是怎样由舞蹈的台前转向幕后；已经走到幕后的她，又参与过哪些有关中国舞蹈发展的重要工作。人们通过她展示的文字和图片，看到的是一位富有个性的盛婕，一位热爱舞蹈的、为人妻母的盛婕。

风姿绰约的秘书长

认识盛婕51年了，我对她的感觉可谓由远到近，由浅入深，由敬至亲。

我考入"天马舞蹈艺术工作室"的1958年，吴晓邦老师为专心工作，将家人也迁到工作室来住，我很自然地与她相识。那时虽然我们近在咫尺，但是并不觉得怎么亲近。我只知道她是当时中国舞蹈研究会（中国舞协的前身）的秘书长，每日早出晚归工作很是繁忙。即使碰面，顶多就是礼貌地叫她句"盛老师"，甚至不敢直视她，而是从她美丽的外表，从她身上飘过的香气，默默地感受她的魅力。

当年正值"大跃进"，人们的衣着打扮很朴素，然而她却不随大流，每日的服装与修饰仍很考究，加之她身材修长，腰肢纤细，眸

盛婕与吴晓邦

子明亮，不管在哪里都很醒目，在当时众星汇集的"中国文联"大楼里，被公认为"三大美女"之一。那时我作为"天马"的小学员，虽不敢正视和亲近她，可是我会暗暗地欣赏她，欣赏她的外貌，还有她身上那种女领导独有的气质。

吴晓邦老师为了跟上"大跃进"步伐，1958年秋初，赶排了几个现实题材的作品。白天舞队和乐队在大排练厅合乐，晚上吴老师还要独自在小排练厅听音乐，为次日的排练做准备。盛老师那时正患病卧床，她的卧室正好夹在大、小排练厅之间，故而从早到晚她都要饱受鼓乐干扰，实在难为了她。

可没想到的是，她的病才有好转，"天马"院子里便响起她独一无二的高跟鞋声，看似还虚弱的她，又风姿绰约地去上班了。半个世纪过去，我仍记得这件事，因为凭我当时的直觉，没有料到她这般坚强，令我刮目相看。此后，我觉得自己对她的"老师"称谓中，加了分量，多了内涵。

乐观的"大女子"

人与人的缘分犹如蜘蛛织网，千回百绕丝不断。

吴老师1964年再度受到批判，我只得中断在"天马"的学习。两年后"文革"来临，吴、盛二人被批斗得很厉害，我又下放当了工人，彻底与两位老师失去了联系。以为自己与舞蹈缘分已绝，只好断掉再和他们相逢的念头。

奇怪的是十年浩劫结束后，文艺界拨乱反正时，盛老师从她负责审查的档案中发现了我三姐的名字。她马上顺藤摸瓜，知道了我的下落。

亟待和他们见面之前，我觉得有好多苦水要向他们倾诉。但是阔别12年师生重逢的那天，我的感伤却全被两位老师的笑容融化了。最令我吃惊的是盛老师的变化，她不但不显老，而且红光满面，人好似比以前足足胖了"一倍"，难道她当年被造反派折腾得还不够惨吗？

吴老师见我看着盛老师发愣，在一旁打趣道："你看，盛婕胖得快变成弥勒佛了，对吧？"

我听了一时不知如何回答，只能傻点头。盛老师会意地笑着，像讲故事样地告诉我：她下放到河北静海县，在"文联"下属的一个养鸡场当饲养员。一起下放的同志总爱跟她开玩笑，说按她当时享受"文艺四级"的待遇计算，非养出下金蛋的鸡才行呀！说完她又笑了起来，而且笑得格外灿烂，确实跟弥勒佛有些相像。

但据我所闻，盛老师"文革"挨斗时，不仅被剃了阴阳头，还挨过皮带抽打，受了好多苦。可是那天她却只字未提，而是用笑去掩埋苦难，用乐观去医治创伤。我不禁为她割舍痛苦的勇气和乐观精神所动。从她身上，我看到了什么是"大女子"的气魄。

以前我只知道她原是吴老师的学生，曾经演出过许多吴老师的早期作品。直到1979年，我开始为吴老师整理《我的舞蹈艺术生涯》一书，才对她有了较深的了解。因为书的原稿出自吴老师在"牛棚"写的自传体交代材料，每年的经历写得十分详尽，书里边少不了他与盛婕的篇章。没有这个机会，我无法立体地去了解和看待盛婕的过去，无法认识她和吴晓邦舞蹈艺术的休戚相关。

1938年，盛婕作为一名东北流亡学生，来到处处轻歌艳舞、纸

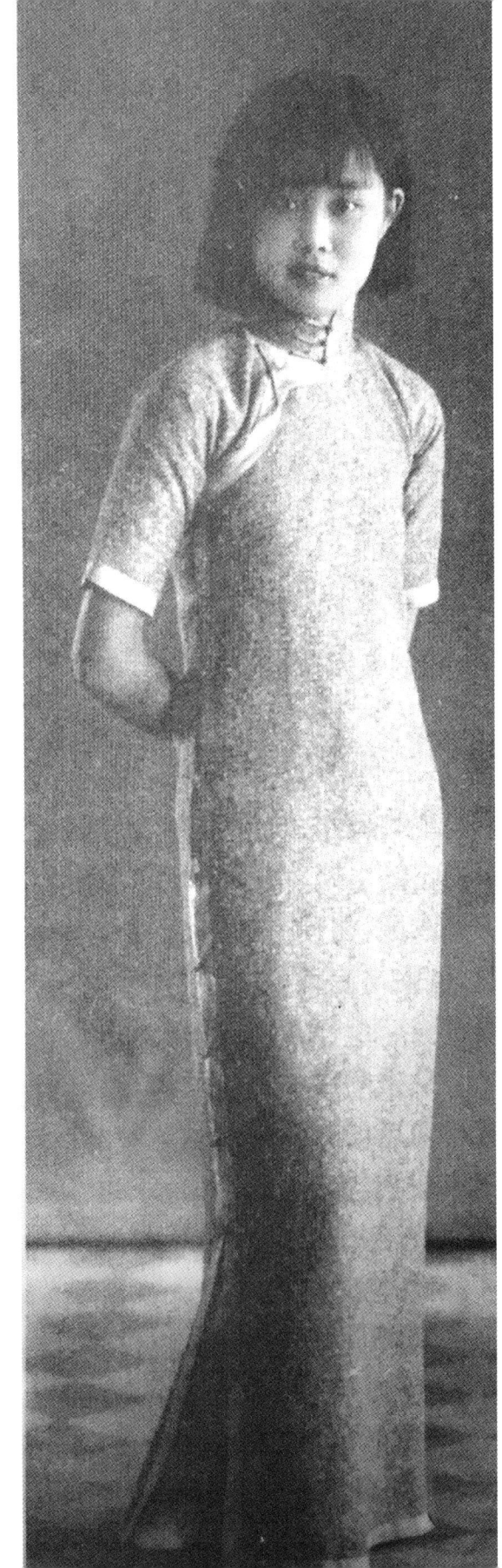

1936 年于哈尔滨

醉金迷的上海。本想学习戏剧的她，最后却选择了吴氏的现实主义现代舞（即新舞蹈）。而后她又毅然决然地追随吴老师，从即将沦陷的上海去了敌后，一直协助吴老师在后方进行舞蹈教学与创作演出。等到1941年他们到达重庆时，老师身边只剩下她这位唯一的"铁杆学生"，最终与吴老师完成了从师生到伉俪的"转身"。

1941年6月，在敌机时常轰炸的重庆，举行了吴晓邦、戴爱莲、盛婕三人联袂宣传抗日的三场舞蹈晚会。其中他们三人合演的小舞剧《合力》，获得很大成功，大大鼓舞了山城百姓坚持抗战的信心。这亦是吴、戴二位舞蹈大师空前绝后的一次合作演出，为中国当代舞蹈史涂上了一笔浓墨重彩。

为追求革命理想，吴、盛决意到延安去，但因各种变故，他们整整等待了四年。在这四年间，她同吴老师一道做了一次"舞蹈的周游各地"，奔波于广东、贵州、陕西、青海、四川等地，见缝插针地进行舞蹈教学和演出，在培养了一批舞蹈人才的同时，也迎来了吴晓邦第二个舞蹈创作高峰。在此期间，已身为人母的盛婕身兼演员、助教、服装设计和制作、主妇等多个角色，甚至有时还需要她去打前站。这一切对不满三十岁的她来说，该是何等不易呀。

但是盛老师对她的付出，从来无怨无悔。每当我问起这些往事，她总是表现得很高兴也很从容，十分满意自己的抉择。

"我爱她"

"我爱她！"是吴晓邦老师在"文革"中的一句"名言"，源于他与盛婕的一段佳话。

这掷地有声的三个字，在那段特定的时空中炸响，它炸出了一段久传不衰，真情感人的故事；一段吴晓邦与盛婕在舞蹈之路上，相识、相知、相爱，共同经历的快乐、浪漫、孤独、寂寞、悲欢和荣辱，所凝结的爱情故事。

我很幸运，从20世纪70年代末到90年代初，亲眼看见了吴、盛晚年相依相伴的日子。正是这十几年与他们的接触，对他们之间的感情，又有了更深的观察和体会。他们晚年的生活以及活动有了新的规律，全心耕耘舞蹈理论的吴老师，在日常生活起居上，基本要依靠盛老师照顾；盛老师把生活重心几乎完全放在吴老师身上，进入了贤内助的角色。从他们的和谐之中，我能看到什么是志同道合的幸福；从他们因一些生活琐事的争执中，我能看到什么是"与子偕老"的乐趣。

1989年盛婕率一个舞蹈考察团去了土耳其。她走了没两天，吴老师突然患了失忆症，连我的名字都叫不出来了。当我陪吴老师走出医院时，他的神情十分沮丧，说自己脑子坏了，恐怕再也不能写文章了。我当时想，一生在舞蹈路上勇往直前的吴老师，难道与舞蹈告别的日子真的来临了？我不敢相信更不愿相信。

谁能料到盛婕老师一回到北京，像一剂灵丹妙药，把吴老师的病治好了。吴老师不但恢复了记忆，而且又开始继续写作。我们都说盛老师是吴老师的"偏方"，比协和医院的药还管用。

吴老师病重的最后两年，已经离不开盛老师，几乎每个生活环节都由盛老师照顾。为了帮助吴老师锻炼思维和体质，她教练得很认真，吴老师也非常配合。那种情景我原来只在电影和小说里看过，一旦成了眼前的事实，觉得特别亲切；她不但给了吴老师无微不至

盛婕与吴晓邦会见台湾舞蹈家林怀民

的体贴,也温暖着我。从小到大我有过许多位老师,但师母从来只活在我的想象中,而我在盛老师的母性光辉中,看到了真正的师母形象,虽然我的母亲早已去世,但我现在每次回北京,觉得北京还有一位母亲。

更感动我的是,吴老师在自己最后的日子里,卧在病床上嘱咐探视他的"天马"弟子:"以后你们一定要像对我一样地对待盛婕。"

(《舞蹈》,2010 年 11 期)

新中国民族舞蹈教育的起步

蒲以勉

20世纪中叶,面对近代中国舞蹈事业的一片荒原,一批有理想、有抱负的舞蹈家们开启了新中国民族舞蹈教育的拓荒之路。中国古典舞、中国民间舞,在吸收借鉴芭蕾、戏曲、武术等艺术门类经验的基础上,蹒跚学步,逐渐成长为独立的具有鲜明中国特色的学科。实践的积累、教材的建设、人才的培养,逐步积淀了日后中国舞坛厚积薄发的力量。

人物专访:盛婕(中国民间舞学科创始人之一)

我是1917年出生在上海,后来跟父亲到哈尔滨生活。在哈尔滨读书的时候,学过白俄的芭蕾舞。不过,也是简单地学一些蹲、跳,练习形体。也学过一些儿童唱游,这些算是我儿时的舞蹈启蒙教育吧。

直到1938年,我的同学告诉我,上海法租界有中法戏剧学校,

中法戏剧专科学校舞蹈班

集中了上海搞文艺的人，这所学校正在招生。我就去了，后来果然考取了。这所学校虽然叫中法戏剧学校，但是和法国文化没有什么关系，只是设立在法租界而已。1938年9月份开学的时候，老师有郑振铎等，都是戏剧界的老前辈。我们最初就是学戏剧，主要课程有戏剧理论、戏剧概论、戏剧史、表演课等。我就是在这里认识了吴晓邦。

我们最初的舞蹈都是从戏剧入手的，教形体训练，然后排一点舞蹈。那时候还没有独立的舞蹈，也见不到民间舞。延安的秧歌都在农村，一般城市里都不大见。我们知道的，都是印度舞、西班牙舞等现成的舞蹈，要么就是儿童唱游歌舞。那个时候戏剧学校里有舞蹈课，课程就是吴晓邦在教。他那时教跳舞都是光脚丫子的。我们不习惯，因为地板很脏，就自己做了软底的布鞋。吴老师也没管，后来其他人也跟我们做那样的鞋，穿着跳舞。我在班里算比较突出的。吴晓邦当时教的就是形体自然法则，班里有三十多个学生，跳完后身体很松弛、很舒服，吴晓邦也允许我们做怪相。

到1938年底，我们就不上基本训练课了，开始排节目，创作作品。1939年初，我们开始表演，那时候吴晓邦就编排了舞剧《罂粟花》，为我们的毕业演出做准备。1939年5月，我们结业了。

1941年初，我去了重庆，育才学校请我去上课。到了育才学校三个月之后，陶行知就通知我，说周总理想见我。后来，1942年，我就被总理派到了延安，和吴晓邦就在延安结婚。当时田汉的爱人安娥是我们的证婚人。这之后，戴爱莲回国，很多文艺界的人就认为，我们三个人应该聚在一起搞一台演出。后来，我们就一起搞了个义演。郭沫若筹备，我们编排节目。吴晓邦排了一些老节目，戴爱莲排了一些她的节目，我和叶浅予就帮着戴爱莲买服装、制作道具。叶浅予以美术家的眼光选料，戴爱莲就忙演出。那场义演，出场的只有我们三个人，于是就叫"戴爱莲吴晓邦盛婕义演"，一共演了三场，演出很轰动，《新华日报》等报纸都登了。

中华人民共和国成立后，开第一次文代会的时候，总理特别喜欢舞蹈。因为在解放时期，舞蹈起到了鼓舞、宣传的重要作用。总理认为舞蹈应该是独立的，不应该从属于戏剧、音乐。后来，就成立了"舞协"，把北京的各个舞团聚集起来。

1950年，吴晓邦的"舞运班"开班，要筹备办学，我就被抽去搞教育。最初就是要搞北京舞蹈学校的民间舞教材，这中间请过苏联顾问伊莉娜。我搞民间舞的收集，叶宁搞古典舞，崔承喜的"舞研班"也有一些积淀。那时候，民间舞素材比较少，尤其是汉族的民间舞，除了秧歌之外，很少听说别的。

那时，我担任北京舞蹈学校民间舞教研组主任，彭松是副主任。为了收集民间舞，研究教材的建设，我们先到东北考察东北大秧歌。后来陆陆续续做考察的，还有朱蘋、许淑媖、王连成、罗雄岩等。当时的校长是陈锦清，吴晓邦那时一直在民族歌舞团。后来招收的第一个班，教员、钢琴伴奏等都是我从文化部请来的。

教研班后来整理出的教材，有汉族的两本、朝鲜族一本、维吾尔族一本、藏族一本，一共五本。我去苏联参观两个月，专门搜集苏联舞蹈学校里的各种民间舞片段，也提出了呼吸法和即兴创造。

我跟叶宁一起到福建考察莆田戏、梨园戏、高甲戏、傀儡戏，这是为了古典舞的建设。因为我们成立古典舞，一开始的设想是从史学角度来捋，彭松他们在做这个事。而我们是从形体上把能够收

与中华舞蹈研究会同志合影

集的先收集起来，各地也发动起来，一起搞。我们也搞点研究，孙颖当时搞汉唐舞了，高金荣搞敦煌舞了。大家都在忙碌着。

我们的舞蹈发展到今天很不容易，真的是从无到有，白手起家。虽然古代有那么多东西，可现在都没有了，都是我们一手来发展，所以说发展到今天是很不容易的，而且发展得这么快。原来舞蹈是最被瞧不起的。后来，吴晓邦建立了舞蹈学，建立了理论，提高了自己。

舞蹈艺术的特色离不开独特的技巧，技巧是为舞蹈的内容服务，我们如何能达到更高更精尖的水平，走向世界，代表中国。我们舞蹈界应该认真总结一番，再细致一点，深入一点。

对于民间舞的教材及创作方面，我希望能够多一点生活的气息，能够搞出有代表性的东西。这个代表性就是代表中国文化的特点。我觉得我们学校里面需要保留道具舞，譬如红绸舞，那个绸里头有各种各样的花式需要发挥，还需要搞一些剑舞，这也是中国特色的，国外没有的东西。民间的东西需要整理为更高层次的艺术，以此来代表中国民族文化。

（《舞蹈》，2013年06期）

坚毅女性的可敬形象
——盛婕自传文集《忆往事》序

游惠海

    盛婕的自传文集《忆往事》,以质朴的文笔、珍贵的照片清晰地记录下这位出身名门(盛宣怀侄孙女)的生命历程。书中的童年纪事,历史感地描述了江南封建家庭的传奇逸事。20世纪30年代,芳华秀丽的她,毅然走出家庭,参加"孤岛"上海的进步文化活动,演出了爱国戏剧《梁红玉》和舞剧《罂粟花》。20世纪40年代,她辗转到了大后方,投身抗日救亡运动,在重庆,一曲《流亡三部曲》的表演,震撼了广大观众。而她与吴晓邦历尽艰难,双双奔赴延安,更是开启了她革命人生的新历程。《忆往事》中一连串的真实写照,描述了这位走出封建家庭,为追求进步投奔革命,经历战乱磨难而成长的新女性。畅读书中的描述,确能引发亲历过20世纪那大动荡时代人们的共鸣与联想。

从 20 世纪 30 年代起，盛婕就随中国新舞蹈艺术先驱吴晓邦学习舞蹈，此后数十年，她活跃在各个时期的中国舞蹈领域，从事演出创作、舞蹈教育，收集研究传统舞蹈。中华人民共和国成立初期，她怀着实践精神，深入民间，在乡间的田野和广场，调查、收集、整理花鼓灯、秧歌、傩舞，抢救濒临失传的民间遗产，扶助那些垂老失助的艺人，做了许多有效的工作，发挥积极的作用。她曾长期主持舞蹈家协会和舞蹈艺术研究会（1954—1966）的工作，期间积极组织舞蹈艺术的学术研究，力主我国的舞蹈教育应立足于本土的传统。她参加起草我国舞蹈学术规划，创建舞蹈资料库，组织编写中国舞蹈史（料），活跃对外交流，成绩出色。身为舞蹈家和组织活动家的盛婕，长期以她勤奋执著的敬业精神，团结老一代，培育青年人，在舞蹈界享有很好的声誉，深获共事者的称道和赞许。

　　盛婕与吴晓邦共同生活数十年，在舞蹈界同辈与晚辈间传为佳话，赞誉他们为"恩爱伴侣""模范夫妻"。她与吴晓邦相伴终生，一辈子真情相守，吴晓邦的艺术创作、学术著述、讲学活动，都得到盛婕的辅佐与支持，吴晓邦晚年在培育专业学术人才，建设中国舞蹈艺术学科方面的重要成就，更是包含着盛婕默默的奉献。她是吴晓邦事业成就的不可分割的部分。他们几十年同甘苦共命运，既经历过当年的流离战乱，也经历了"文革"的严酷考验，但盛婕与吴晓邦始终坚毅倔强。令我们深为感动的是，"文革"以后，已近 80 高龄的吴晓邦，为了弥补"文革"中失去的岁月，重振"天马"精神，在盛婕陪同下，遍游全国，办班讲学，踏上了舞蹈艺术新的启蒙征途。他们在讲学中激励舞蹈界，激励青年人，解放思想，打破禁锢，以创新精神开辟新的创作时代，他们这种积极的精神，极

盛婕全家

大地鼓舞了改革开放年代的舞蹈界。这一切,又一次显示了这对老年夫妇金色华彩的生命时段。

吴晓邦辞世后 10 年间,盛婕许下"完美人生"的心愿,把精力投放在建立"吴晓邦舞蹈艺术馆"、出版《吴晓邦舞蹈文集》、筹办"吴晓邦百年纪念活动"的工作上,奔波于北京、上海、苏州、太仓,力克艰辛,终于完成了这三件大事,为传承吴晓邦的艺术遗产,弘扬他的治学育人的高尚精神而发挥作用,了却心愿,圆了晚年盛婕的"完美人生"之梦。

盛婕《忆往事》一书,让我们读出和感受到这位坚毅女性的可敬形象,也让我们从吴晓邦、盛婕两位舞蹈界先驱的人生奋斗中,获得对艺术、对事业、对人生的有益启示。

(《中国舞蹈》,2010 年第 12 期)

默默地奉献

——记盛婕同志对舞蹈研究工作的贡献

王克芬

1941年中秋节之夜，陶行知先生创办的育才学校的师生，在露天舞台演出了歌舞《荷叶舞歌》，由陶行知作词，育才学校音乐组集体作曲。歌词赞颂荷花为"君子花""仍旧是出身污泥，污泥不能染"。收录这首歌的歌曲集《唱出一个春天来》的原本是1949年重庆"四·二一"学生运动中的一本歌集，原编者是中共地下组织领导的进步学生社团——中央工校协进读书会。歌曲来源是各大城市进步学生组织，辗转手抄及一部分油印散发。这本小歌集在一定程度上反映了当时学生运动中歌咏活动的概况，在白色恐怖的当时，曾经非常广泛地传播于重庆及其附近十余个县的城乡知识分子中。我见到的版本，是由中央工校校友会重庆分会、重庆建筑工程学院校史编辑室编辑整理的，1988年2月由重庆大学出版社出版发行的本子。歌曲集在《荷叶舞歌》歌曲后，作了如下注释：1941年"皖南事变"之后，中华民族到了一个危险关头，也是育才学校最困难的时候。虽然全校师生每天只吃着稀饭、蚕豆，但是陶先生立志要把革命教育事业坚持下去。中秋前，陶先生写了《荷叶舞歌》，召集音乐组师生，亲自朗诵并讲解每段歌词的含义，嘱音乐组同学谱曲。师生听后，很受教育，决心学习"出污泥而不染"的高尚风格，音乐组每人都选了一两段歌词进行谱曲，然后由老师带领几个同学一起将各人所作旋律进行整理和加工，并由舞蹈组、戏剧组师生编成歌舞，形成一次集体创作，终于在中秋节晚上，在育才露天舞台演出。"出身污泥，污泥不能染。"是莲花和荷叶的真精神，"一切为创造，创造为除苦"，这就有力地为歌曲创作提出了明确的要求。

《荷叶舞歌》有这样两句唱词："我跳的舞如何？晓邦婕"，"我弹的琴如何？贺绿汀"。"晓邦婕"是指舞蹈家吴晓邦及其夫人盛婕，当时他俩正在育才学校舞蹈组任教。贺绿汀是我国著名音乐家，当时任育才学校音乐组主任。（1988年2月刊印的《唱出一个春天来》中，《荷叶舞歌》后有这样一段说明："《荷叶舞歌》在1942年3月出版的《战时教育》公开发表时，曾将第3段的"我问你，我跳的舞如何？晓邦婕"和第4段的"我问你，我弹的琴如何？贺绿汀"各改作"人似清风，心儿清似雪"和"化作珍珠，滚向叶中心"。）

1944年我离家出走，参加抗日进步文艺团体"演剧队"后，看过育才学校的精彩演出。那朝气勃勃、充满爱国激情的音乐舞蹈表演，曾深深地打动过我的心。我也曾听到过舞蹈家吴晓邦和盛婕的名字，还知道吴晓邦先生教过演剧队演员们舞蹈课，当然，那是作为话剧演员的形体训练课，而不是专业舞蹈演员的舞蹈训练课程。

由于我从小热爱舞蹈，从小学到高师，一直是学校文艺活动，特别是舞蹈活动的积极分子。我常常入神地听着、看着老同志们比画着向吴晓邦老师学"自然法则"的一些零零星星的动作，暗自埋怨自己没能早一点参加演剧队，不然，也有机会向吴老师和盛婕同志学习舞蹈了。想不到，中华人民共和国成立以后，我在很长一段时间中，是在盛婕同志领导下工作的，朝夕相处二十来年。

1956年，在周总理的亲切关怀下，制定了哲学社会科学十二年远景规划。我作为吴老师的助手，参加了制定"1956—1967年艺术学规划草案（舞蹈部分）"的草拟工作。中国古代舞蹈史，就是其中的研究项目之一。规划工作结束以后，我就从中央民族歌舞团，调到中国舞蹈艺术研究会（中国舞协前身）工作。盛婕同志任驻会秘书长，领导研究会的全面工作。当时会里的干部不到十个人，办了一个刊物——《舞蹈通讯》，经常有外事活动及与全国舞蹈工作者、舞蹈团、队等诸多组织的联络工作，还有办公室及资料工作等。每个人都在竭尽全力地工作。盛婕同志名为驻会秘书长，是真正的"住"会秘书长，她的卧室就在办公室。无论是白天、黑夜，有事都可找到她。那个年月，无论上班、下班时间，工作来了就是号召，人们都会自觉、自愿、高高兴兴地去干，干到几点算几点，盛婕同志那时身体不好，只要不病倒，她总在协会里忙，病倒了，才回到西郊民族歌舞团家中去住（当时吴晓邦老师任中央民族歌舞团团长，所以他们的家安在西郊）。

我到舞研会报到后，盛婕同志安排我专门学习研究中国舞蹈史。首先是向各艺术史专家请教，接着是搜集资料。

记得是1956年深秋，规划会议结束以后，盛婕同志带着我到欧阳予倩老师家去拜见。盛婕同志指着我对欧阳老说："她叫王克芬，您今后多教教她，让她当您的学生吧，我们决定让她学习研究舞蹈史。"欧阳老打量着我，慈祥地笑笑说："好呵！研究舞蹈史可不容易，要经过艰苦的努力，要搜集、占有资料，现在许多年轻人看不起资料工作，没有资料，怎么研究啊？！资料工作初做起来是有些枯燥的！"那天，我几乎没说什么，只洗耳恭听这两位尊长的谈笑。抗日战争时期，欧阳老在广西桂林艺专办学，吴晓邦与盛婕同志都在该校任教。

不久"中国舞蹈艺术研究会舞蹈史研究组"正式成立。吴晓邦任组长，欧阳予倩任艺术指导，盛婕同志等有关方面领导决定该组组员由几个不同单位的同志组成，即舞研会的孙景琛和我，北京舞校的彭松、中央戏剧学院的董锡玖。我们这四个人就成了中国第一批舞蹈史专业的学员。盛婕同志曾不止一次地告诉我要看到下述情况：欧阳老工作很忙，吴晓邦老师很忙（特别是天马舞蹈工作室建立以后，更没有多少时间管舞蹈史研究组的具体工作），其他三位组员，有的要教课，有的在编刊物，有的担任繁忙的秘书工作。跑腿、联系、搜集资料等，我应该自觉主动地多干、努力干，要争取欧阳老多管舞蹈史研究组的事，经常求得他的帮助和指导，虚心向所有专家学习。她的这些嘱咐，成了我当时的工作准则，盛婕同志在舞蹈史研究组没有担任任何职务，但在我的心目中，她是这件具有开创性意义工作的真正组织者，推动者。

我按照盛婕同志的指示，在欧阳老和盛婕同志的带领、介绍下，与音乐史家杨荫浏，戏曲史家周贻白、傅惜华，考古学家、文学家沈从文，史学家阴法鲁，美术史家王逊、常任侠，史学家、文学家阿英等著名学者、教授建立了经常的联系，我们的学习与研究工作，得到了有关专家的热情指导与帮助，真是有问必答，有求必助。这虽然与当时尊师重教的社会风气有关，但更重要的是舞蹈工作者协会"（1961年"中国舞蹈艺术研究会"改名为"中国舞蹈工作者协会"，后又改为中国舞蹈家协会）的领导盛婕同志对专家学者尊重和热情友好的态度及其影响下协会全体工作人员良好的工作作风有极密切的关系。记得每逢过年过节，盛婕同志总是千方百计地拨出一点钱，给各位给予我们指导的老师专家们买点礼品，亲自带着我们一家一户地去拜年。老师病了，也总会抽空去探望，或派我们代表她去致意。舞协组织一些演出，她从没忘记让我们开一张曾经给予我们帮助的专家和单位的名单，分出一部分好票来，一一送上。老师们也常常让我带个信给盛婕同志说："我问她好！"或"告诉盛婕同志，我向她问好！"直到"文革"以后，当我重新获得研究舞蹈史的权利，拿起笔，研究舞蹈史时，还不时听到这样的话。当我说盛婕同志不在舞蹈研究所工作时，他们也还会说："见到她，帮我问好。"盛婕同志的工作作风，为开创舞蹈史学科，为争取各方面专家对这门初创学科的扶持与帮助，默默地、毫不引人注目地做出了巨大的贡献。

特别令我感动的是，她从不像某些单位的领导，无论懂不懂、干不干，出了研究成果他们必是当然的"主编"、当然的功臣。她信任我们，尊重像我这样初学者的劳动成果，尽一切努力将我们的研究成果通过各种方式介绍出去。

1958年，我们舞蹈史研究组和舞研会部分同志一起，按欧阳老的提议，将清代刻本《全唐诗》九百卷，四万八千多首唐诗，全部查阅一遍，将其中有关音乐、舞蹈等资料摘录出来，分类编成了《全唐诗中的乐舞资料》一书。这对我们研究唐代舞蹈史、音乐史，无疑是十分重要的。但当时的出版社不肯出版这本书，原因是怕赔钱。盛婕同志亲自与音乐出版社商谈，结果是不要一分稿酬，包销一千本左右，还给出版社补贴些经费。当时研究会的经费并不多，盛婕同志为了让这本有学术价值的书公诸于众，毅然决定赔钱出版。而在这本书上，没有在任何地方出现她的名字，连前言后语中也没有提到她在极关键时刻所起到的重要作用。我想，如果没有盛婕同志的远见卓识，这本饱含了近十人一年左右的艰苦努力得出的成果就会被搁置在抽屉里，成了废纸。而这本书出版后，不仅受到国内史学界的好评，而且得到世界各国的汉学家的重视。阴法鲁先生到美国讲学，就知道美国著名大学的图书馆都藏有此书。另据了解，英国、新加坡、港、台等地的学者也很重视这本书。"文革"后，音乐出版社再版《全唐诗中的乐舞资料》，不久销售一空，我本人就收到过不少读者来信索要这本书。可有谁知道盛婕同志为这本书的面世所作过的努力呢？

1958年，舞研会建立了我国历史上第一个"中国古代舞蹈史资料陈列室"。在搜集资料的过程中，得到了各有关单位的大力支持。由于舞研会人员少，工作头绪多，几乎是一两个人就要独当一面地完成某项工作。许多同志在搞专业的同时，常被抽出"打杂"，有时干一段时间编辑，又抽出为一些全国性的会演之类的大会服务，或抽去搞组织联络或行政工作。由于专业搞舞蹈史，不兼其他工作的仅我一个人，盛婕同志总让我"雷打不动"地搞舞史研究专业。当然，不是现在概念中的"研究人员"，而是有关舞史研究的资料搜集、布置陈列、组织学术活动、联系专家、撰写专题研究文章、汇编资料等全都得干。在这种方式的工作中我得到了锻炼，受到了磨炼。有时急得哭鼻子，擦干眼泪接着干。记得在编选《全唐诗》时，我突然肺病发作，吐血了。但分给我的几函《全唐诗》还没翻完，我不告诉任何人，请了病假，躺在床上查书，支撑着抄录。我把杜甫诗《观公孙大娘弟子舞剑器行》，抄成了《观公孙大娘舞剑器行》，书出版后，欧阳老看到这么大的错误，很是生气。我告诉他老人家，这首诗是我抄错的，因为我当时正生病，恍恍惚惚地抄错了，校对时又没校出来。他息怒了，反而安慰我要好好注意身体。这本书有不少错字，最重的错处是我犯下的，至今看到这本书这一页，心中还隐隐作痛，每当我给研究生或其他学生讲课时，涉及这本书，我总要一次次地叮嘱：用这本书千万要查对《全唐诗》原文。"文革"后再版时，增加了勘误表，用起来就好多了。

1958年我们的陈列室开幕那一天，正是我住院开刀的第一天。在那以前，东奔西跑搜集资料，会内所有同志出差都去搜集资料，我和其他同志一样拿出自家收藏的舞蹈资料供陈列。在规定展出的日子的前一天，我还在陈列室忙。第二天突然发烧，经检查是肾结核，必须立即开刀，不然会危及另侧肾脏。当时我爱人出差云南，母亲病在床上，孩子正出麻疹，真是"祸不单行"。舞研会同志得知后，自动组织起来帮我照顾家，照顾孩子，开刀期间轮流日夜值班守护我。盛婕同志安慰我，特地给我送来肉松，亲自到医院来探望我好几次。在领导和同志们的关怀下，手术顺利，身体恢复得很快。

最使我难忘的是在手术前发生的一件事，当时上班制度相当严格，由于我负责搜集舞蹈史料，经常无法按时上班，或上班后立即又外出，时间长了，一些同志有意见。而我自身也有些娇气，一向比较顺利，在家、在学校读书时、参加演剧队以后、中华人民共和国成立以后在音工团舞蹈组和后来调民族歌舞团工作时，听到的表扬多些，批评较少。不是我干得多么出色，是我生性要强，总是不甘落后，自尊心又很强，猛地听到别人批评，满肚子怨气，加上当时身体不好，精神状态欠佳，每天低烧不止，医生又说查不出病，原来的肺结核已钙化痊愈了，嘱我不要有"心理作用"。谁知结核菌跑到肾脏，右肾几乎烂完了才发现。但在没发现病情以前，我努力坚持工作，盛婕同志那么信任我，无论多贵的资料、展品，我决定买的，她从不"卡"，我觉得我是这项工作的真正主人，虽然我调舞研会时，不满三十岁。盛婕同志待人信任和热情，不摆领导架子，调动了所有同志的积极性。当我听到有人说我不上班时，委屈得不得了，十分坚决地向盛婕同志提出：离开舞研所，回家养病。但我热爱舞史研究工作，请求停薪留职。盛婕同志十分耐心地告诉我，有病治病，查不出来再查。如果办了离职，后果是严重的。同志们暂时不了解情况，以后会了解你的工作，等等。事后我才知道，那段时间，正在干部减编，有些单位的领导用各种借口劝一些同志离职，有人因此十几、二十年没能再获得工作机会。盛婕同志在关键时刻劝阻了我任性的想法，如果她当时不珍惜干部的前途，只顾完成缩编任务，批准我离职，也许大半生，我只能当个"家庭妇女"了。每想起这件事，我都深深地感谢盛婕同志对我的关怀与帮助。

二十世纪五十年代至六十年代，盛婕同志任舞研会、舞协十余年驻会秘书长，在她的领导下，在全体同志奋力工作下，在舞蹈研究领域，做了几件开创性的工作：第一，创办了我国最早的舞蹈专业刊物，由内部刊物《舞蹈通讯》，改为全国甚至国外公开发行的《舞蹈》《群众舞蹈》和学术价值较高的《舞蹈学习资料》。第二，创办了第一个"中国古代舞蹈史资料陈列室"。接着又在红楼"艺术博物馆"中建立了规模更大，内容更丰富、全面的"舞蹈陈列室"。第三，建立了中国第一个舞蹈史研究组。这些工作对中国舞蹈艺术的发展，产生过相当深远的影响，培养了一批干部和专家。以舞蹈专业刊物来讲，许多比我国更发达、更先进的国家也没有像今天《舞蹈》《舞蹈论丛》《舞蹈艺术》这类的刊物，即使有，也没有这么久远的历史，这么丰富的内容。"文革"后，我国的舞蹈史料曾在瑞典、英国等欧洲国家展出，这些展览的基础是舞协（原舞研会）奠定的、积累的。舞蹈史研究组的建立，填补了我国艺术史研究的空白学科。时至今日，我国已出版了多种舞蹈史专著，有的已译成英、日、法文，向世界人民宣传中华具有悠久历史的舞蹈文化。全国性或国际性的学术会议，也有我们舞蹈史学者们的一席之地。高等院校也设立了舞蹈史课程或讲座，不仅是艺术院校想了解中国的舞蹈历史，外国留学生、建筑师、文物考古工作者、教育工作者，也请舞蹈史学者去讲课。舞蹈史学引起了更多人的重视和兴趣。特别值得一提的是，由于舞蹈史学的研究成果，在某些方面推动了舞蹈创作的拓展，许多以各代历史为背景创作的舞蹈、舞剧或仿古舞蹈作品，引起了中外观众的浓厚兴趣。舞蹈史研究工作的深入发展与提高，为这类创作提供了必要的史料依据，启发了编导们的创作灵感。不少成功之作，都凝聚了舞蹈史学者们和盛婕同志无私竭诚的奉献。虽然这种奉献是默默的，常常容易被人忽略或忘记，但却为

盛婕与吴晓邦、陈锦清看望刀美兰

繁荣中华民族的舞蹈艺术事业所不可或缺。三十年过去了，抚今思昔，在怀念那么多健在及已仙逝的老师们的同时，盛婕同志为中国舞蹈艺术研究事业做出的默默的奉献，实在是感人至深，铭刻我心。

（《舞蹈论丛》，1989 年 02 期）

第二部分
追忆文章

我的师母盛婕

欧建平[1]

1982年3月初,我和双白有幸成为吴晓邦老师在中国艺术研究院研究生部舞蹈学系史论专业理论方向招收的首批硕士研究生,并被吴老师昵称为"老来得子",因为他老人家时年已是76岁的高龄。几天后,我们两人坐了45个小时的火车抵达了天府之国——成都,继而在四川省歌舞剧院的大院儿里整整待了一个学期,全程参加了他在那里主持并亲自授课的"舞蹈创作讲习班",因为他认为,我们虽然是主攻理论的研究生,但舞蹈理论必须与舞蹈实践相结合!就这样,我们俩跟着四川和云南的全体学员们,每天上午先上两节芭蕾基训,再上两节舞蹈创作理论或者回上次的创作课,下午是隔天轮番上现代舞中的"自然法则"和四川民间舞中的秀山花灯,晚

---

[1] 作者是吴晓邦先生1982年春季招收的首批硕士研究生,中国艺术研究院舞蹈研究所第五任所长、研究员、博导及博士后流动站合作导师。

上则是自己搞创作，我先后做了三轮小品，分别是"有感而发"的《盼》、"音乐编舞"的《冬去春来》和"现实题材"的《囚歌》。这种理论与实践相结合的学习一直持续了三年，直到我们毕业，由此铸就了我们俩理论联系实际的惯性，并确保了我们在随后的35年里，写了一些对舞蹈学科发展有用的文章。

回想起来，我是在成都，头一回见到我的师母盛婕——她可谓名副其实的知性高雅，却从不刻意张扬，并对我们俩关怀备至。让我颇感意外与激动的是，她见到我的第一句话是："小欧，美国大使馆送给吴老师一本英文的《美国舞蹈史》，你是学英文的，我给你背来了！"她一边说，一边递给我一本图文并茂、相当厚重的大书，而这本书则成了我了解美国和整个外国舞蹈史论的敲门砖！无独有偶的是，这本大书的作者艾格尼丝·德米尔恰好是美国舞蹈界中实践家出身的理论家，不仅创作出了多部舞蹈佳作，而且出版了多部舞蹈著作，因而成为我进入舞蹈界35年来唯一崇拜的偶像，并在1993年夏天于她的府上亲切地接待过我，更亲笔题字送予她的著作和肖像。

在随后的三个半月里，吴老师每天讲课，或是点评学员们的习作，都是盛老师和吴老师当年在"天马舞蹈工作室"的爱徒蒲以勉老师当翻译，因为他的苏州口音让很多人听不懂。不过，我因为生长在南方，所以挺幸运，听他讲课时，一点儿问题都没有。

记得一开始，每逢周末，我和双白都会去吴、盛二位老师下榻的锦江宾馆，打牙祭的同时，可以继续零距离地聆听两位老师的谆谆教导，并在那里首次见到了学术界泰斗费孝通和电影界前辈吴印咸等大人物。后来，我因为想把盛老师给我的那本英文大书看完，

欧建平 2007 年秋与师母盛婕的合影

甚至试着翻译了其中的部分内容，便不再每个周末都去锦江宾馆了，但一周六个工作日都能在四川省歌的课堂上见到他们，并且听他们娓娓道来地讲课。师母给我印象颇深的是，身为经验丰厚、成就显赫的舞蹈大家，她在吴老师点评我们的作品时，只是担当口译，而很少表述自己的看法，或许是为了让大家集中精力，聆听吴老师的意见，确保课堂上只有一位先生！？

从成都回京后，我们在中国艺术研究院研究生部保持了每周一个半天实践课的惯例，同时接受了更加系统的舞蹈史论课程，并且听到了许多有关姊妹艺术、哲学美学、古籍整理等多方面的讲座。因为舞蹈学系在1982年的秋天招收了谢长、高历霆、宋今为这三位新生，盛师母、蒲老师陪同吴老师，又为我们系统讲授了一遍他的经典著作——1951年出版、1982年再版、被誉为"中国舞蹈第一书"的《新舞蹈艺术概论》。记得有时候，盛老师和蒲老师在舞协都有要事处理，不能陪吴老师来研究院上课时，盛老师总是打电话给我，要我这个班长去接吴老师，她才放人，这让我颇感欣慰，甚至相当自豪！

的确，我与吴、盛二位老师接触最频密的日子就是在成都的这三个半月了，研究生毕业后，我和双白都留在了舞研所从事研究工作，而我每每逢年过节或者出版了新书，都会去看望他们并且送书，既汇报，又请教，甚至与他们讨论舞蹈界当时最热门的话题……如果赶上了吃饭的点，我则吃完了再走。记得在20世纪80年代的中后期，当时的物质生活还比较匮乏，吴、盛二位恩师总是对我说，"你下次来家时，一定要提前说一声，我们好让阿姨去买只鸡，给你炖鸡汤喝！"这些话至今在我耳边回响，两位恩师不仅关注我的研究，而且关心我的营养，更让我懂得了为什么我们的老祖宗要把"老师"放在"天地君亲师"里一道祭拜！

这些年里，出于对他们的爱与感恩，我曾为《中国艺术研究院科研动态》《中国教育报》《中国妇女报》《传记文学》等报刊写过一些文章，比如《莫负吾师》《我的先生吴晓邦》《盛婕：恪守一生的圣洁》和《盛婕：高寿98，依然激励着我们的舞蹈大家》，但我对盛师母的了解则更多来自她晚年出版并送我拜读的自传《忆往事》！

2014年岁末，我拿到社科基金艺术学重点项目"现当代舞蹈的传播与跨文化研究"后，立即将这个课题变成了招收硕士和博士研究生的方向，而此时的盛老师已是98岁的高龄！于是，我当机立断，带着"抢救"的心情，提前指导2015级秋天入学的8位硕士生中，唯一本科读中文专业的赵金领开始搜集她的资料，在"中外舞蹈交流史"的线索上撰写硕士学位论文。2016年春季开学后，我带金领多次采访了她，并一道去过哈尔滨，到她就读过的中小学考察，因而指导他通过了"开题报告"和"中期检查"这两道关，并争取2018年春季以"优秀论文"的佳绩通过最后的答辩，由此了却了我"于公于私"都颇感欣慰的夙愿！

实事求是地说，盛婕师母的独立价值和夺目光彩一直被吴老师这位"中国舞蹈泰斗"遮蔽了，因此，我们以往对她的关注和研究是远远不够的。为此，我仅以下文浓缩她的生平往事，表达我的感恩之情：

盛婕师母原名为盛曙霞，1917年出生于上海，祖籍是江苏武进，祖上为名门望族，其父盛莆田由伯父盛宣怀培养成人，后来在哈尔滨邮电局工作，而盛宣怀在近代中国历史上可谓大名鼎鼎——他积极投身变法救亡、兴办洋务，并作为李鸿章的助手，促成了中国航运、电讯、矿业、纺织、海关、铁路、学堂等一系列近代产业与行业的崛起。

哈尔滨在20世纪20年代欧风极盛，不仅有"东方小巴黎"的美誉，而且有许多俄罗斯艺术家教授唱歌跳舞，并有在放电影前加演芭蕾独舞或双人舞的习惯，因此，盛婕师母在此读小学时，便有机会向俄罗斯老师妮娜学过芭蕾。"九•一八"事变后不久，东三省全部沦陷，而就读哈尔滨女一中的盛婕此刻已出落得亭亭玉立、美丽动人，不仅品学兼优、能歌善舞，而且柔中带刚、爱憎分明，并因拒绝加入欢迎日军的队伍，受到校方的通报批评。强烈的爱国之心促使她参演了《棠棣之花》、主演了《梁红玉》等爱国情怀的话剧，为电影《大明英烈传》担任编舞，后来到桂林还演出过夏衍和欧阳予倩的进步话剧《心防》和《越打越肥》。

1939年，她考入上海的中法戏剧专科学校，开始随阿英、郑振铎、李健吾、顾仲彝、于伶等文艺名家学习文学、戏剧、导演、表演、化妆，在音乐家陈歌辛的钢琴伴奏下，向吴晓邦学习了现代舞的"自然法则"，并且头一回听到了"什么是舞蹈、舞蹈与其他姊妹艺术的关系"等基础理论，参加了他的反战舞剧《罂粟花》的创作、排练和演出。为表达他们对抗日将士的崇敬之情，吴晓邦还为她量身打造了《月光曲》《秋愁》《心愿》等独舞。随后，两人应欧阳予倩、陶行知之邀，前往桂林和重庆，继续从事舞蹈教学、创作和表演，期间，为新安旅行团的孩子们排演了舞剧《春的消息》《虎爷》。并且日久生情，于1941年结为百年之好，并在周恩来总理的精心安排下，一道前往革命圣地延安，从此将个人的命运和民族的前途融为一体。

中华人民共和国成立之后，盛婕师母先后协助吴晓邦老师创办了中国青年艺术剧院舞蹈团、中央戏剧学院"舞蹈运动干部训练班"、北京舞蹈学校等"新中国舞蹈的摇篮"，并请来了中国和苏联的专家教授中国古典舞和欧洲芭蕾，同时运用吴晓邦从日本带回中国的德国现代舞的"自然法则"和"新舞蹈"方法，解放中国舞者的肢体，并加强其表现力。此后，她还亲自率领学生们深入乡村，虚心学习并潜心搜集原生态的民间舞，而由她加工提炼的安徽《花鼓灯》进京参加第一届全国民间音乐舞蹈会演时，还夺得了一等奖。

北京舞蹈学校1954年成立时，她出任了民间舞教研组的组长；中国舞蹈艺术研究会翌年成立时，她担任了秘书长，从各地的风俗民情与祭祀仪式中搜集整理出了一批濒于失传的"傩舞"，挖掘并拍摄了福建的高甲戏、莆仙戏和梨园戏中的舞蹈，1956年调集孙景琛、彭松、王克芬、董锡玖等青年学者，专门从事中国古代和近现代舞蹈史的研究，并以此为基础，创建了舞蹈陈列室。其间，她还曾率领中国舞蹈家代表团赴苏联、土耳其考察民间舞，赴奥地利担任"世界青年与学生和平友谊联欢节"的评委，为新中国舞蹈的"走出去"做了大量奠基性的工作。

在1957年的"反右"运动中，她作为共产党在中国舞协的领导人，敢于顶着引火烧身的危险，更凭着艺术家的纯真，情真意切地对有关领导说："我们的舞蹈工作者都很年轻，都是党培养的，他们都热爱党，没有一个是反党的！"由此使得该协会的工作人员免遭劫难。

在 1966 年开始的"文革"中,她冒着挨斗挨打戴高帽的危险,拒绝承认自己是"执行资产阶级文艺路线的黑帮分子",更没有栽赃陷害他人,保持了起码的人格尊严。"文革"过后,她当选为中国舞蹈家协会副主席兼秘书长,继续为中国舞蹈的繁荣和发展不遗余力、献计献策。

从 1983 年退休开始的三十多年间,她一直保持了用放大镜读书、看报的好习惯,随时关注着国内外舞蹈的发展,并在与我们这些晚辈们的交谈中,滔滔不绝且头头是道地讲述自己亲历亲目并积极推动过的中国舞蹈史,辨析一些中国特色"舞蹈"概念的来龙去脉,用自己的激情与智慧,感染和激励着舞蹈工作者中的一代又一代人……

2016 年 5 月 24 日,我在北京和各地的学生自发来京,为我过生,我则立即与盛婕师母联系好,并在她午睡之后,将二十多位新生代的吴门学子带到她的府上探望,让她得到些许做师奶的快慰。同年岁末,盛师母再次住院治疗期间,我曾多次带着自己的硕士和博士研究生们前去探望,并就我将于岁末的 12 月 16 日在研究院主办的"纪念吴晓邦先生诞辰 110 周年学术研讨会"的议程,特别是还需要邀请哪些吴老师当年的学生参加会议,征求她和吴卫江大哥、范熙天大嫂的意见和建议,而她对我 35 年后铭记师恩,并安排了研究生专攻她的生平事迹之举颇感欣慰!据卫江大哥说,我们召开"纪念吴老师诞辰 110 周年学术研讨会"的那几天,她的精神头格外好,嘴里不停地念叨着我……

2017 年 1 月 9 日上午 9 点 40 分,盛婕师母以 99 岁的白寿仙逝于北京中日友好医院高干病房区 A 座的 1205 病房,我和卫江大哥一道，将她安置好后回到家中，泪流满面地重读她的《忆往事》，撰写了一首悼歌，然后向中国舞蹈家协会的驻会副主席、我们舞研所的第四任所长罗斌请缨，以舞协和舞研所的名义，编辑制作了一段配乐视频，在告别仪式上播放，而制作者则是我1999年指导的硕士生刘春的硕士生李竟榕同学，他应该算是吴、盛两位恩师的第三代弟子了。颇为欣慰的是，这段用心创作和精心制作的视频得到了吴、盛两位老师的子女们的高度认可。

谨以这段悼歌，表达我以及我20年来指导的五十余位"吴门—欧派"学子们对盛婕师母的虔诚感恩与深切怀念。

盛婕先生千古

盛家后裔，
聪颖灵秀；
辅佐泰斗，
儿女皆有；
风雨人生，
从不言愁；
四世同堂，
九九白寿。
少年爱国，
品学兼优；
青年起舞，
粉墨春秋；

中年领袖,
砥柱中流;
晚年嗜书,
生命恒久……

"为人生而舞"舞出美丽人生

张 华

一、斯人往矣

接到《舞蹈》编辑部约稿,要我写一篇纪念盛婕老师的文章,忽然发现我对盛老师所知不多,不禁汗颜!

百度百科:"盛婕,江苏武进人。1938年入中法戏剧专科学校学习。曾任上海剧艺社特约演员,广东艺术专科学校教师,延安鲁艺、东北大学艺术系舞蹈教师。1949年加入中国共产党。建国后,历任中国青年艺术剧院舞蹈团副团长,中央戏剧学院舞蹈教研班民间舞组组长,北京舞蹈学校民间舞教研组组长,中国文联第四届委员,中国舞协第一届理事和第二、三届秘书长及第四届副主席。长期从事民间舞蹈、地方戏曲舞蹈的收集整理和研究工作。吴晓邦先生的夫人。"记录中仔细罗列了盛老师生平种种身份职位，对我来说，其实主要就是最后一句，她是我恩师吴晓邦先生的夫人。

20世纪80年代中期，我和于平成为改革开放后吴晓邦先生的第二批研究生。大课吴老师到中国艺术研究院上，小课我和于平去和平里吴老师家。见到盛婕老师，就是在家里上小课的时候。每次我们刚到家，盛老师会进来寒暄两句。上完课，偶尔她会邀请我们与他们家人一起进餐。此外，盛老师很少打扰我们。和吴晓邦先生儒雅的气质不同，盛老师给我的印象是一位高大的女士，像个北方人，显得有点严肃。据说盛老师当中国舞协秘书长时说一不二，挺强势，这让我隐隐对她心生敬畏。

吴晓邦先生仙逝后，我浪迹江湖多年，见到盛老师的时候很少。恩师老家江苏太仓"吴晓邦纪念馆"开馆筹备，在中国舞协工作的我太太郑云珍驻扎太仓多日，她告诉我这是盛老师奔波两年亲手操办而成。盛老师90岁那年还写作出版了回忆录《忆往事》，令我感佩。有几次在舞蹈艺术活动场合偶遇盛老师，匆匆问候，寥寥数语……

去年12月底，接到中国舞协主席、同门学兄双白的通知，盛婕老师病危，要我无论如何赶紧抽时间去看看。正好第二天下午要出差，上午冒着寒风赶去了中日友好医院。陪护不在，白色病床上的盛婕老师，醒着，很安静，很瘦小，有点脱形，可眍进眼窝的眸子反倒格外明澈，我一进去她就认出了我。而我，不管怎么努力，把此刻病床上这个蜷缩着弱小身躯的老人与曾经印象中高大严肃的盛老师联系在一起，似乎都很难办到。对着她依旧明澈的眼眸，我看到的分明是一个婉约的江浙女子的清瘦骨相。盛老师语速缓慢，和我聊了好些话，包括她的家世，我这才知道大名鼎鼎的晚清洋务大人盛宣怀是她叔爷爷，对啊，常州盛家！

终于，老人累了，睡着了。心里祝祷着愿她百岁，我悄悄退出病房，匆匆赶往机场。后来知道，盛老师病愈出院。额手庆幸老人闯过一关，不料一个月后，她还是走了。

二、为人生而舞

老一代跳舞的人都长寿！吴晓邦先生八十九；戴爱莲先生九十；稍微早点儿的陈锦清老师，也满了八十……2016年到2017年相交前后两三个月，中国舞蹈界最后几位宿老相继离世：贾作光，享年九十六；彭松，喜寿一百；盛老师，差几天就是百岁。随着他们离去，中国舞蹈的一个时代结束了，袅袅余韵也杳然落入历史。

成为吴晓邦先生的学生，于我是一份机缘。不是吴晓邦先生，我不会以这样的方式和位置在中国舞蹈领域中有所存在。可年少气盛的当初，在改革开放文艺大发展的大潮中洗礼，一边仰承师恩，一边还暗底下窃以为老师的艺术信条、艺术体系、艺术方式有点儿过时了。我们，是在另一个时代遇到前一个时代的开创者。历史地看，那一代人在他们的时代的确完成了了不起的拓荒事业，但是我们的时代需要新的突进，不会完全墨守成规地行走在他们的车辙里。岁月匆匆，转瞬已是二三十年。时至今日，曾几何时意气风发的我们和我们的时代，似乎也渐行渐远，正在成为新时代的"上一个时代"，我们也正成为"上一个时代的人"。回望一下我们在自己时代的努力，忽然发现我们对我们时代的建树，比起前辈对他们时代的建树，唯有惭愧！

"为人生而舞"，对中国舞蹈史来说，是划时代的宣言，是新舞蹈横空出世的标志。盛老师与吴晓邦先生的姻缘，是踏着这样的舞步开始的。"我对他从尊敬开始，愿意追随他踏在时代的脉搏上跳舞。"这是盛老师对这段人生姻缘的总结。盛老师12岁随父迁往哈尔滨，在那里接受了舞蹈的启蒙。1936年回到上海，在一家俱乐部学习了两年芭蕾。两年后，她考入上海中法戏剧学校。当年，从日本回国的吴晓邦来到该校任教，盛婕成了他的学生。结业时，盛婕主演了由吴晓邦创作的舞剧《罂粟花》。凭着对舞蹈事业的执着与热爱，盛婕与吴晓邦一起辗转多地演出和教授舞蹈，两人也在彼此尊敬中互相吸引，并于1941年结婚，相濡以沫走过54个年头。

把人生和艺术连在一起的人，要的是美好的人生，是将善良化成美丽来展开的人生。吴老师与盛老师伉俪相携54个年头，充满风风雨雨。盛老师追随吴老师创立新舞蹈，突破上海亭子间的"孤岛"，一起奔赴延安，一起燃烧理想推动"进军舞"迎接全国解放，一起运筹"天马工作室"的古曲新舞。在吴老师跌入低谷时，盛老师不离不弃。"文革"中盛老师被冲击，吴老师呵护有加。造反派闯入家中要抓盛老师去批斗，吴老师一个箭步横身挡住，人家问他干什么，吴老师用满带吴音的普通话高喊："吾爱她！"在吴老师书房里，课余间隙吴老师回忆这一幕，还原着舞蹈化的箭步横身阻挡动作，一副童真状态，让我们这些晚辈不禁莞尔。

盛老师的《忆往事》，有1957年反右一段记述，文联是知识分子集中的地方，也是反右运动的一大聚会点。各协会都有许多右派，剧协最多。盛老师当时是舞蹈家协会的秘书长，对，就是传说中很强势说一不二的秘书长,具体领导中国舞协反右运动,结果是中国舞协一个右派也没!读到此处,对于那个时代的风险与严酷略知一二的我,曾经对盛老师的敬畏感,立即化为由衷的巨大敬意。

"为人生而舞蹈",吴晓邦先生的艺术信条、人生信条,也是盛老师坚守的信条。沧海桑田,斯人往矣……盛老师追随吴老师,为人生而舞,舞出了他们美丽的艺术化人生。

晓邦的一半是盛婕

于 平

一、"'吴晓邦'是我很敬仰的人"

2017年1月9日,在刚过"白寿"之际,盛婕先生辞世而去。"白寿"者,"百减一"之谓也;也就是说,生于1917年12月的盛婕先生,以99岁高龄追随晓邦先生而去了——这一次,他们将近22个年头未见了。据盛婕先生的自传《忆往事》,盛婕首次见到晓邦当是在1939年。那一年,22岁的盛婕考上了在上海的中法戏剧专科学校。忆及此事,看得出暮年的盛婕仍是有些激动,她写道:"中法戏剧专科学校果然集中了好多上海文艺界的名人。我以前看到的有些小说的作者就在我身边,都是我很敬仰的人。中法戏剧专科学校的校长是冯执中,是中法联谊会的秘书长;教务长是阿英。郑振铎教我们中国戏剧史,李健吾讲欧洲文学名著选,顾仲彝讲戏剧概论,于伶讲戏剧创作,吴仞之讲表演,许幸之讲导演,朱端钧讲导演术,殷扬讲戏剧运动史,洪谟讲化装,吴晓邦教我们舞蹈,给我们课堂伴奏的是陈歌辛。"你想想,当年风华正茂、南人北相的"佳人",经由如此文艺浸润的"才女",该有着怎样的气质、气象乃至气场!

但显然,盛婕最为沉迷的还是吴晓邦。她说:"吴晓邦的舞蹈课更是给我们带来了从未体验过的舞蹈教学……每次上课吴晓邦先教授'自然法则',活动从头到脚各种关节;根据大调式自然音阶的每个音符做出符合音乐表情的动作;模仿自然中人物和动物的各种形态,还有很多即兴训练。刚开始吴晓邦在前面带着我们做,后来就放手让我们自由发挥……除了身体训练,在跳累的时候,吴晓邦还给我们讲理论。大家就席地而坐,听他讲什么是舞蹈,舞蹈和其他艺术的关系等等。"对盛婕来说,在中法戏剧专科学校学习的日子里有很多事值得回忆,但她记忆最深的是吴晓邦的"第三次作品发表会"。盛婕先是提到吴晓邦为她们的"结业演出"排练了舞剧《罂粟花》——这是一部抨击德、意、日法西斯侵略行径、歌颂人类对和平以及美好生活向往的作品。"结业公演之后,吴晓邦就借此机会要举办他的第三次作品发表会。他为我排了独舞《心愿》——这是一个献给十八路军、祈祷和平吉祥的作品。我和杨帆表演了双人舞《伴侣》……吴晓邦演出了《丑表功》,以此讽刺汪精卫。"盛婕接着写道:"吴晓邦第三次作品发表会公演以后,他就不能继续留在上海了,因为《丑表功》讽刺了汪精卫。此时正逢欧阳予倩来信邀请他去大后方桂林,于是他决定离开孤岛上海……"

盛婕与吴晓邦、杨帆在上海

二、"我和晓邦长期合作，志趣相投"

吴晓邦去了桂林，盛婕选择了"上海剧艺社"。过了不久，盛婕发现："上海在沦陷为孤岛以后，人民的思想的确非常消沉，年轻人也都有点醉生梦死，日常生活中的革命气氛非常淡薄……正在我想寻觅其他出路的时候，吴晓邦的一封来信改变了我的人生轨迹。他在给我们三人（杨帆、吕吉和我）的信中说：'你们还准备在上海这座孤岛呆多久啊？桂林是一个新兴的文化城市，多少年轻人都奔向这里追求新生活，新生活的气氛很浓，你们不想到这里来吗？难道你们还准备在孤岛醉生梦死吗？'接到信后，我和吕吉、杨帆商量，我们接受吴晓邦的激励，决定结伴奔赴桂林……"盛婕回忆中的桂林，是"吴晓邦为（新安旅行团）儿童们排了小舞剧《春的消息》……经过半年的训练和排练，吴晓邦还编排了四幕舞剧《虎爷》……我们在桂林的演出剧目都比较革命，因此很受人关注。到年底，陶行知创办的重庆育才学校来信邀请我去教课，吴晓邦则受邀去重庆国立实验歌剧院教课。于是在1941年初，我与吴晓邦便结伴去了重庆。"两人成为一世的伴侣，婚礼是在重庆。盛婕说："因我和晓邦长期的合作，志趣相投，相互敬重，相互关心，相互依恋。担心去延安以后干起革命工作会彼此分开，吴晓邦和我便决定结婚了，婚期定为4月14日……田汉爱人安娥是我的傧相，应云卫是晓邦的傧相。周恩来和邓颖超派张颖送来了'刘家花园'自己种的大束鲜花……婚礼仪式后，晓邦和我相互踩着圆舞曲的节拍，在舞台上跳着舞将鲜花撒向大家与大家分享。"这一年是1941年。盛婕先生的《忆往事》出版于2010年，读到此处，我们甚至可以想见她忆及半个多世纪前这一情境的幸福和温馨。

我们都知道吴晓邦、戴爱莲、盛婕三人在抗战期间有过一次联袂演出，而这也是戴爱莲先生回国后首次舞台"亮相"。盛婕忆道："……正好戴爱莲刚回国，与叶浅予从香港到了重庆，也来参加我们的婚礼。此时，文艺界的人们纷纷建议，我、吴晓邦和戴爱莲应该一起搞一台舞蹈晚会。我们也感到为了欢迎戴爱莲回国，应该举行一次联合演出。这事周恩来知道了，就决定由郭老的'文艺三厅'来组织，由阳翰笙出面承办。"这个联合演出的正式演出是1941年6月17日、18日两天，"戴爱莲演出《思乡曲》《卖》《东江》，吴晓邦演出《思凡》《丑表功》《血债》《传递情报者》，晓邦和戴爱莲合演《红旗进行曲》，我和晓邦演的是《出征》，我们三人还共同表演一个作品《合力》。我单独表演的舞蹈是《流亡三部曲》小组舞，表现东北流亡百姓的疾苦。因为我也是从东北流亡出来的,有深切的体会;再加上音乐除了钢琴伴奏以外,'抗建堂'的几十人的合唱团也帮着伴唱,那《松花江上》的旋律渲染得气氛格外浓厚。后来邓颖超告诉我,她看我演这个节目时,听到歌声就忍不住直掉眼泪,很受感动。我们3人合演的舞蹈《合力》,戴爱莲穿着帝王将相的长袍,隐喻资产阶级;我穿着穷苦人民的衣服,隐喻无产阶级;吴晓邦则披着黑色大斗篷,隐喻日本侵略者。吴晓邦代表的黑暗势力,在我和戴爱莲所代表的势力势单力薄的时候常来欺侮我们;但是敌人一走,帝王将相又高高在上发号施令,穷苦人民备受压迫,流离失所。当时我利用了从6级台阶上滚下来跌倒在地的动作来表现穷苦百姓的苦难。最后,由于我和戴爱莲代表的两股势力都认识到单独时会被敌人欺凌,团结联合起来才能打倒敌人。舞蹈表达了国共两党只有合力才能把敌人打倒的含义。"这段叙述无疑是中国现代舞蹈史研究的重要史料。

三、"在延安感觉到一种很自然的、真正的'新生活'"

中国舞蹈界都敬称吴晓邦先生"吴老师",盛婕先生的《忆往事》给了我们最真切的理解。自在上海的中法戏剧专科学校教盛婕、杨帆等习舞后,吴晓邦先生奔赴桂林,"因为吴晓邦要经常在桂林和江安两地奔波讲课,所以杨帆替吴晓邦到四川江安戏剧专科学校担任舞蹈课。彭松就在那儿上学,杨帆曾教过他一年多。"也就是说,吴晓邦的学生杨帆"教过彭松一年多"。这使我忆及1988年6月我的硕士论文答辩时,导师晓邦先生相邀的答辩委员中有彭松先

桂林艺术馆舞蹈班

生。彼时彭松先生打趣地对我说:"我们是师兄弟,因为我也是晓邦先生的学生。"盛婕写道:"在1942年2月,我和吴晓邦就到了江安国立戏剧学校去教课,因为那时杨帆已经走了,那儿又缺少舞蹈教员……吴晓邦教戏剧系舞蹈,我则负责学生们早操,彭松、吕恩当时就在那儿读书。后来我听彭松说,那时候戏校的学生都懒着呢!没有人早起做操,都爱睡懒觉;但一听说有位女老师来教早操,所有的人都每天坚持早起上操了。"读到这儿,你会想到我们的前辈也"年轻"过,更会想到盛婕先生当年作为"美女老师"的魅力!

盛婕说:"我除了负责早操以外,还教戏剧系和音乐系的形体训练课。除了基本训练以外,教学生在台上怎么走路,身体怎么拉直,头部怎么表演,如何运用身体的反胴运动,随着音乐训练学生身体各个部位的灵活性。过去有的人训练机械地要求学生在头上顶一个碗,教他能走得平稳;我却完全采用呼吸法训练控制身体、走路的平衡,而不是平时生活中自然状态的走。上课一般是先用'自然法则'锻炼各种关节的灵活,之后再教学生前进、后退、转身等形体训练……"

在四川江安国立戏剧学校任教之后,吴晓邦与盛婕又于1942年7月"很高兴地去了广东曲江(省立艺术专科学校),签了一年的合同,开办了一个舞蹈班。梁伦、游惠海、何敏士、伍依文等都是那个舞蹈班上的学生……吴晓邦很多的作品都是那个时候创作的,比如《饥火》《思凡》等,还排过一个三幕舞剧《宝塔牌坊》,伍依文演女主角……当时人民都很饥饿,所以吴晓邦根据当时的客观生活排出了舞蹈《饥火》:开始是给3个人排的三人舞,后来慢慢演变成晓邦一个人跳,成了独舞……"看得出,那几年晓邦、盛婕先生总在桂林、重庆、曲江、桂林……之间奔波，尔后又奔波于成都、西安、西宁、兰州之间。"（1944年中）到了西宁，我们在王洛宾的学校培养舞蹈生，没想到西宁的军阀马步芳知道了，要看舞蹈。吴晓邦只好在礼堂进行了小规模的演出，节目有《饥火》《思凡》《义勇军进行曲》。马步芳观看后，要请吴晓邦作为顾问留下来，每月给5000法币作为生活费，让晓邦在西宁培养一些舞蹈演员。我当时又怀孕了，反应很大，对当地饮食吃羊肉也不习惯，更担心的是马步芳会有意长期控制我们，于是我们就想方设法如何离开……"这个"方法"是先以盛婕身体不适要去兰州治病，然后说重病住院要晓邦前来陪护，最后在成都会合。这时已是1944年终岁末了。"1945年4月，我们接到了重庆抗敌文协总会来的信……信里隐晦地说'有便车回家了，请赶快准备。'我们见信非常高兴，奔波了这么久，终于又可以有车去延安了……我们于1945年6月11日从红岩嘴出发，6月23日最终到达延安……看到延安的情况，我们更高兴了，整个心都放开了……征询了我们对于自己想做的工作的意见，吴晓邦说他要搞舞蹈，于是我们被分配到鲁艺了……没想到每到礼拜六吃过晚饭以后，就听见鲁艺音乐系奏起'嘭嚓嚓，嘭嚓嚓，嘭嚓嚓……'的音乐声，人们就纷纷奔向广场，跳起了交际舞。因为我是搞舞蹈的，大家更希望我能去，每次都有人来叫我……我们在广场上愉快地舞蹈。交际舞很随意，我们也通过交际舞的机会交流日常生活情况和思想情况……原来桂林是新生活运动的中心，而到了延安却感觉到一种很自然的、真正的新生活。"

四、以高度的艺术性深化舞蹈的"现实批判性"

盛婕回忆道:"我们到延安差不多两个月的时候,'八·一五'光复,日本投降了……日本投降后,鲁艺干部分配到外地建立根据地,到了年底我们跟着组织出了延安……1945年11月先到张家口华北联合大学,很多文艺界的人都集中的联大,在沙可夫、江丰、艾青的领导下,吴晓邦在那儿成立舞蹈班……后来吕骥、张庚要去哈尔滨成立文工二团,我就申请去文工团工作……于是我和儿子卫江一起去了哈尔滨,吴晓邦和女儿安娘留在了张家口……后来哈尔滨的局势又紧张了,我们就转移到佳木斯,在佳木斯建立了东北大学。东北大学设有艺术系,我就成立了舞蹈班,在汇报演出中我给学生排了舞蹈《摘苹果》,隐喻蒋介石摘胜利果实。"我们注意到,盛婕先生的舞蹈编创保持着晓邦先生自《丑表功》《合力》以来"隐喻"的表现手法,以高度的艺术性深化舞蹈的"现实批判性"。

笔者在追随晓邦先生攻读舞蹈历史与理论硕士学位的日子里,大约是1988年,曾逢贾作光先生举办"从艺50周年"的活动。一日,正在先生家中聆听教诲,适逢中国舞协有关人员向晓邦先生汇报活动筹备情况,晓邦先生打趣地说:"贾作光,是我指引他走上革命道路的。"盛婕《忆往事》的记叙是:"(1947年)吕骥和潘奇来看我们。吕骥说:原来'满映'有个学生叫贾作光,他是学舞蹈的。经过我们培训后,根据情况需要分配工作,你们那儿有什么舞蹈方面的工作?……没想到没过几天,贾作光就来看我们了。6

月，内蒙古舞蹈团为庆祝内蒙古解放一周年要开庆祝会，来信邀请吴晓邦出席。晓邦在张家口时，曾经带着6个学生去过内蒙古文工团，在那儿体验生活，为内蒙古排过双人舞《希望》和《内蒙人民三部曲》等舞蹈。晓邦向贾作光介绍了内蒙古情况后说：'你目前首先要参加革命。如同意，我这次带你去。'于是就要把贾作光带到内蒙古去参加革命，与人民同吃同住，深入生活，为蒙古族舞蹈编创节目。"2017年，也是93岁高龄的贾作光先生仙逝之年，笔者曾作"七言"哀悼，曰"《海浪》腾翻洗碧空，《彩虹》缱绻送飞鸿。一从舞界失舞神，更觉高原少高峰。扎根生活翼臂展，情系民众灵犀通。后来雏雁须列阵，大写'人'字向苍穹。"中国舞蹈界常把贾作光先生喻为"民族舞蹈的领头雁"，而吴晓邦则是"领头雁"的"领路人"。盛婕说："（1948年）吴晓邦从内蒙古回来后，萧向荣请他为东北民主政治宣传队舞蹈队排些舞蹈，并指定要创作配合解放军主要任务的舞蹈，最后晓邦排了《进军舞》……（1949年7月）北京召开了文代会，我们带了一些节目参加文代会。舞蹈界参加文代会的正式代表只有4名：吴晓邦、戴爱莲、胡果刚、梁伦；我和陈锦清带了节目去演出，所以我俩是列席代表。"

五、盛婕是中国民间舞学科建设的"宗师"

中国舞蹈界敬称晓邦先生为"吴老师"，更重要的在于他为新中国舞蹈事业发展所积蓄的力量。盛婕说："（1950年9月）欧阳予倩来信，请吴晓邦回北京办舞运班，同时青年艺术剧院也邀请我去教舞蹈……晓邦任青年艺术剧院舞蹈团团长，我和田雨（她是晓邦在

2009年盛婕获得首届"中国舞蹈艺术终身成就奖"发表获奖感言

上海两江体育学校的学生，也是延安过来的）任舞蹈团副团长……1952年，吴晓邦培养的中央戏剧学院的舞运班一年期已经毕业了。中央准备成立正式的舞蹈学校或在中戏内成立舞蹈系，于是调我到戏剧学院当老师，先准备教材。在舞运班授课的叶宁准备古典舞教材，我为民间舞准备教材。当时人们曾认为中国没有舞蹈，尤其是汉族民间舞更加缺少。可是我认为中国作为几千年的文明古国，肯定有自己的民间舞蹈；特别是汉族，只是被明清封建势力埋没掉了。于是我首先决定寻找汉族的民间舞蹈，走向民间，深入生活，进行挖掘、搜集和整理工作。"谈及新中国的"民间舞蹈"及其先声，我们都不会忘记戴爱莲、彭松先生1946年在重庆举办的"边疆舞蹈大会"，不会忘记稍早在延安开展的"新秧歌运动"；但真正在新中国百废待兴之际首先投入"民间舞蹈"挖掘、搜集和整理工作的，正是盛婕先生。正是在这个意义上，称其为新中国"民间舞蹈"学科建设的"宗师"，可谓是名副其实、实至名归的！

盛婕说："各地民间节日中舞蹈非常丰富，比如'灯舞'；还有各地春耕时的'秧歌舞'也非常多姿多彩，但这些都不被人们认为是'舞蹈'。有一次我看到安徽的'花鼓灯'演出，决定首先去安徽挖掘整理'花鼓灯'。我带了舞运班毕业未分配工作的学生和正分配到群众艺术馆的学生，上海歌舞剧院也来了三五个人，组织了一支大队伍，深入安徽。我是队长，彭松协助我，还有李正一也在队伍中。李正一原是舞研班的学生，舞研班的学生后来合并到舞运班毕业。经过调查，我们决定去蚌埠考察，安徽文化局派了董振亚同志陪同，冯国佩老艺人就在蚌埠。我一个一个找蚌埠的艺人，比如'小白鞋''小红鞋'。每一个艺人分配一个学生主学，其他人跟学。'主学'的人要把学的内容都记录下来。有很多'小花场'的对舞，女的是'兰花'，男的是'鼓架子'；遇到这种情况，就派一男一女两个学生一起学。"盛婕谈到了学习中的一个细节："有个艺人叫'一条线'，在当地跳'花鼓灯'非常有名；当地人流传着这样一句话：'一条线一走，倒下九十九'。我们却没有见到这位艺人。一打听才知道，他被划为'小业主'关起来了……于是我就和文化局里的人商量，问他能不能想办法和领导说说……把他借出来教教我们。经过商量，得到了局里的同意，将'一条线'放出来了。'一条线'能够出来跳舞自然是非常高兴……我们分配了主要演员李正一跟'一条线'学习。学习过程中，不仅仅记录舞蹈动作，也分配学音乐的人记谱，还有人专门记录歌词，有人学锣鼓点。学锣鼓点的学生也要学舞蹈，因为他要懂得艺人的'劲儿'往哪儿去。鼓点是根据艺人的情绪和舞蹈动作的发展而有所变化的……民间艺人不会用语言表达，只有在打起锣鼓的表演中才能表现出来。我们经常在晚上就正式演出，一次一次地让艺人们即兴演出……艺人们的兴致来了，他的闪光点才能出来，在他自己的风格内出一些新动作。各个艺人都有自己不同的风格，有的比较忸怩，有的比较文静，有的比较野，有的比较浪，有的比较媚……我们就寻找各种不同风格的花样，集中搜集在一起……之后，我又带队伍去东北搜集'大秧歌'和'二人转'。我们一路探寻秧歌的发源地，走访过很多地方。"

六、将搜寻中国传统文化宝库的工作推向纵深

从为民间舞准备教材的工作入手，盛婕将探寻中国传统文化宝

库的工作推向纵深。她告诉我们："研究民间舞，除了现在的民间舞之外更想溯源寻找最古老的民间舞。很多古老的剧种都包含'傩'，所以我们想先从古老的'傩舞'着手研究。又因为日本的'能乐'发音与'傩'接近，也是很古老的艺术，有可能'傩'在很早的时候就传到了日本，在日本很好地保存下来了。将日本的'能乐'和中国的'傩舞'进行对照研究，也是我们的课题之一。在舞蹈艺术研究会成立之后，1956年3月30日至4月28日将近一个月的时间，我带领孙景琛、刘伯恩、刘凤珍和刚从美术学院毕业的吴曼英、从民族学院借来的负责搜集音乐的赵行达，一起到江西搜集傩舞……傩随着历史的发展，渐渐成为傩戏，已经有了很多有性格的人物。每个面具都代表一个具体的人物形象，生动多样，人物的性格特点能够在面具雕刻艺术中显露出来。虽然傩舞从民间发源，但表演中已经可以看到一些接近古典舞表演的东西，很有研究价值。"笔者曾在《南京艺术学院学报》2017年第4期发表的《傩舞的历史根源与文化流变》，论及了傩舞的"方相氏掌蒙熊皮"即"蒙熊皮"，其间的"熊"是"三足鳖"，发音为"傩"。这说明传往日本而名之"能乐"的表演可能保留着"傩舞"最初的文化记忆。再者，"傩"作为先民"索室驱疫"的祭仪，已经成为宫廷的仪轨；后世的民间流传，是"上化如风，下应如草"的依据，也是我们得以实行"礼失求诸野"的依据。这便是盛婕先生所言"可以看到一些接近古典舞表演的东西"的缘由。

关于民间舞进入舞蹈学校的教学，盛婕写道："筹办舞蹈学校，我们向文化部、外交部建议请专家来帮助。1953年11月，作为舞蹈学校聘请的顾问，苏联专家伊莉娜来到北京。当时文化部由周巍峙组织筹办舞蹈学校，吴晓邦是筹备组组长，陈锦清任副组长，帮助晓邦做行政事务。叶宁负责古典舞班，我负责民间舞班。我们4个是筹备组成员，'舞运班'一批学生留下来做教员。"具体到民间舞班，盛婕说："民间舞班的学员共有王连成、李承祥、许淑英、刘恩伯、罗雄岩、朱苹、陈春绿，还有部队的李正康等等，共20人左右。该班除了教授我们整理的秧歌、花鼓灯、东北大秧歌等汉族民间舞外，还请了朝鲜族的赵得贤教授朝鲜族舞，同时我们也把朝鲜族舞蹈整理出来；请来维吾尔族的康巴尔汗教授维吾尔族舞，康巴尔汗的维吾尔族舞比较端庄，是从维吾尔族的古典舞中来，所以我们整理出的维吾尔族舞风格也比较端庄。吴晓邦去民族地区'建政'时，发现了欧米加参，他是当时著名的藏族民间艺人，吴晓邦吸收他到民族学院，请他来教授藏族舞。这半年时间，我们一边学一边整理；学期结束后，我们就利用假期整理教材，整理出汉族（2套）、藏族、维吾尔族、朝鲜族共5套民间舞教材。蒙古族我们接触比较早，吴晓邦和贾作光都深入过内蒙古，所以就没有着急整理教材，以后继续整理。"这是在北京舞蹈学校1954年下半年正式建校前就已经开始的工作，是我国民间舞学科建设的初始布局。

七、古典舞研究应从靠近我们的京昆入手

北京舞蹈学校正式建校后，为什么盛婕先生很快就离开了呢？盛婕说："1953年第二次文代会召开，将'舞蹈工作者协会'更名为'舞蹈艺术研究会'（即现今'舞蹈研究所'的前身）……当时的舞蹈理论太缺乏了，一系列的舞蹈教学、建设、发展问题都需要理

论支撑。舞蹈艺术研究会需要有人抓研究工作，我就调到'舞研会'工作。因为舞蹈学校这边开学，我走不了，就一直挂名。1955年4月，我正式担任了舞蹈艺术研究会驻会秘书长……后来叶宁来'舞研会'工作，我们也在这里研究古典舞。"北京舞蹈学校建校之初分别负责民间舞班和古典舞班的两位先生又在"舞研会"会合了。盛婕写道："1956年，周总理领导开展制定哲学社会科学十二年规划会议……吴晓邦参加了会议并制定了一系列舞蹈的科研项目，有中国古代舞蹈史、中国近现代舞蹈史、少数民族舞蹈史、舞蹈概论、舞蹈编导、舞蹈服饰研究等等，分为史与论两大部分……'舞研会'成立了各个研究项目的研究小组。协会研究室人员不够，外借了一些人过来：比如彭松原来在舞蹈学校，董锡玖原来是欧阳予倩的秘书。协会内派了孙景琛和王克芬，组成了中国古代舞蹈史的研究组。欧阳予倩是舞蹈史研究的顾问，舞蹈史研究的组长是吴晓邦……1958年，舞蹈史研究组和舞研会部分同志一起，按欧阳予倩的提议，将清代刻本《全唐诗》九百卷、四万八千多首全部查阅一遍，将其中有关音乐、舞蹈、服装、头饰等资料摘录出来，分类编成了《全唐诗中的乐舞资料》。这对我们研究唐代舞蹈史、音乐史无疑是十分主要的。"2016年中国艺术研究院舞蹈研究所召开"中国舞蹈史研究60年"学术座谈会，其认定的起点就是"舞研会"中"中国古代舞蹈史研究组"的成立。

虽然"中国古代舞蹈史研究组"的组长是吴晓邦，但晓邦先生给自己确定的项目，是研究山东曲阜孔庙的祭孔乐舞和江苏苏州道观的道教仪式。盛婕说："我们曾经设想的古典舞，应先从靠近我们的京昆入手，从近往远推；另一方面，成立古代舞蹈史的研究组，从古籍、文物等资料的梳理研究，由远往近，最后构成一个完整丰富的体系。"1958年3月至5月，盛婕带着刘恩伯、刘凤珍、叶宁等去福建考察地方戏曲。此时的叶宁因与苏联专家伊丽娜在办学上意见有分歧，从舞蹈学校调到舞研会工作；在吴晓邦提供经费资助下，继续她的古典舞研究。盛婕写道："此次去搜集福建地方戏曲，也是本着丰富古典舞研究的目的……在莆田、仙游我们考察莆仙戏……我们考察的重点，一方面在于考察莆仙戏怎样传授、训练演员；另一方面，考察莆仙戏中不同于京昆的地方……随后，我们到泉州考察了高甲戏。高甲戏起源于300年前的宋江戏，并吸取了其他剧种的经验——旦角源自梨园戏，丑角吸收了布袋戏和傀儡戏的表演技巧，诙谐、形象、很有艺术魅力……我认为，舞蹈学校应该提炼中国传统戏曲中'丑'的形象。现在的'丑'都是把动作歪曲的丑；而高甲戏中的丑角，是'丑'的内容，但动作形象都很漂亮……寻根溯源，我们又着重考察了梨园戏。梨园戏也从唐宋保存至今，是古老的剧种，其中女性的'蹀步'很有特色……学时要在长板凳上练习，双脚紧靠，脚夹脚跟变换蹭着前行，节奏细碎而快速……（梨园戏）训练中十分注重演员的眼神，练习时师父拿一支香，香头点到哪儿眼睛就要看到哪儿；有时速度很快，有时速度很慢，眼睛要跟上不断变化的速度……"笔者曾研读任半塘先生的《唐戏弄》，半塘先生就认为中国古代戏曲传承、保存得比较严谨、纯粹的地区，主要就在闽南和晋南。这里的地方戏曲的确值得我们关注——不仅是关注其形态特征，而且关注其传承方式。

八、天马：将古曲今舞结合时代创作新作品

1958年，舞研会创办了对外发行的双月刊《舞蹈》，于1月5日出版了"创刊号"。也就是说，2018年1月，《舞蹈》杂志将迎来自己的60周年。盛婕说："（1958年）7月，吴晓邦带领舞蹈界在《舞蹈》杂志上展开关于'天马'作品的讨论，意在由此引出舞蹈界的'百家争鸣'，深化杂志的影响；'天马'也能听取一些意见……'天马'是舞蹈工作室，是个人研究性单位。吴晓邦只是在做一个尝试，将古曲今舞结合时代创作一些新的作品。'天马'于1956年底成立，1957年就开始演出，不到两年时间，有三次作品发表会。晓邦一方面是想开创这样一个单位，不靠国家来养，能以自己的创作演出自力更生……另一方面是想挖掘古曲给它以新的内容，做些实验性质的尝试。正好舞研会在做古代舞蹈史的研究，做过一些搜集整理工作，有条件做些研究和实验……"但在当时的"气候"下，"天马"的"实验"作品受到批判，"比如《平沙落雁》是一个非常优美的古曲，吴晓邦根据音乐创作了舞蹈，表现两只大雁脱离了群雁以后的生活和境界，没想到却被人说成是两个人在嘀嘀咕咕，在反党……（1962年4月）'文艺八条'执行以后，文化部向晓邦赔礼道歉，希望恢复'天马'，可是晓邦已经没有精力了……'天马'就此彻底告终。"

盛婕谈及了这一时期的舞剧创作。她写道："1958年1月23日，苏联芭蕾专家古雪夫来到中国，开办第二期舞蹈编导班，李承祥等

调去参加学习……（1959年）11月古雪夫的编导训练班结束后，毕业演出了舞剧《鱼美人》。记得我陪周总理初审节目，总理问我：'这诱惑舞好不好？'我说：'诱惑舞太多了。有些段落不是在诱惑猎人（舞剧男主人公）而是在诱惑观众，和猎人好像无关。'后来，取消了两个段落，保留了《珊瑚舞》和《蛇舞》。"1964年，"当庆祝中华人民共和国成立15周年之际，总理帮着舞蹈界搞了大型音乐舞蹈史诗《东方红》、现代芭蕾舞剧《红色娘子军》、民族舞剧《八女颂》……他希望给文艺界尽量多创作一些反映现实生活的作品……这3部充满了革命斗争精神、鼓舞人民斗志的大型歌舞和舞剧，是舞蹈战线上具有历史意义的大事，是舞蹈工作者学习'三化'、实现'三化'，深入工农兵、深入生活的新收获。"这里的"三化"，就是当时提出的"革命化、民族化、大众化"。

九、晓邦演出《游击队员之歌》告别舞台

在忆及二十世纪六七十年代，盛婕用的标题是"横祸来临，灭顶之灾"。著名诗人屠岸曾撰文回忆过吴晓邦与盛婕被批斗的情景："有个造反派指着盛婕问吴晓邦：'你为什么阻拦盛婕来会场（批斗场所），为什么包庇老婆？'吴晓邦不回答。造反派就再三逼问：'你为什么包庇老婆？'忽然，吴晓邦大声说：'因为我爱她！'全场顿时鸦雀无声，大家都大惊失色。因为在那个年代……像'我爱你、你爱他'这种话，大家都不敢说；就连谈恋爱结婚以后都不能说'我爱你'。吴晓邦曾经留学日本，受过自由思想的教育……所以，这种人们在平时，甚至夫妻在家中都不能说的话，吴晓邦竟然

在挨批斗的时候堂而皇之地说出来了。"盛婕则写道："1976年以后，我听周巍峙谈起，晓邦在文化部'大庙'监禁，写交代材料。有天早晨，造反派发现吴晓邦失踪了……当天晚上，他被'揪'了回来……造反派问他跑哪里去了？他说他在院子里看见几只蝴蝶在自由飞翔，就感情冲动起来，不顾一切跑出'大庙'呼吸自由空气，不知不觉来到了颐和园……后来颐和园里的人发现他很可疑，把他送了回来……由此可以看出，他是多么地渴望自由平等的生活，多么渴望能继续从事舞蹈工作啊！"

1977年8月，中国共产党第十一次全国代表大会在北京召开，宣告"文革"结束。1978年5月，恢复中国文联并成立各协会筹备组，吴晓邦先生任中国舞协筹备组组长，盛婕先生任舞协书记处秘书长。在1979年10月底召开的第四次"文代会"及其间召开的第四次"舞代会"中，吴晓邦当选为中国舞蹈家协会主席，盛婕与戴爱莲、陈锦清、康巴尔汗、贾作光、胡果刚和梁伦等担任副主席。盛婕写道："在文代会的联欢会上，晓邦演出了《游击队员之歌》，从此告别舞台。他用此舞来表达自己激动的心情。自从1960年被迫离开舞台，已是18年的时光流逝；他在74岁之时，用这个印有他青春和希望的舞蹈作为自己舞台生涯的句号。"在舞台生涯画上句号的同时，晓邦先生开始了赴各地的讲学，这成了他此后最重要的"舞台"之一。在盛婕的回忆中，进入新时期最早的讲学始自1981年，"七月，我随晓邦和舞研所的郭明达夫妇应江西、湖北、福建三省舞协分会的邀请一起去庐山，在'舞蹈理论创作讲习会'开展为期一个月的讲学。庐山是历代名士文人传经授道之处。这次舞蹈界能在庐山举办讲习会，晓邦和郭明达能应邀登庐山讲学，乃开中国舞蹈史之先河……晓邦集其50余年舞蹈实践的经验，较全面而系统又概括地讲述了他的舞蹈创作、训练以及史、论、美学研究等方面的理论。在讲授三大要素、舞情舞律的课件，他从动作的视觉、听觉上，把肌肉神经等各种感觉上的力度、速度、幅度以及重轻、虚实、动静、顿挫与圆滑的对比中所产生的人体动力上变化的异样做了剖析，并言传身教地做示范动作。郭明达这次着重讲授了《原始社会舞蹈起源的初步探索》《现代舞蹈基训和创作问题》《人体动律学》等问题……"笔者自1970年10月起参加工作，任江西省歌舞团舞蹈演员至1980年9月进江西师大南昌分院中文系读书前，团里老领导李克调入江西舞协担任秘书长后，曾于1979年到1980年借调我去舞协工作。此次吴晓邦先生、郭明达先生来庐山讲学，正值学校放暑假，我应李克之邀上山学习并担任会务工作。这是我首次见到吴晓邦和盛婕先生。听课期间，我悄悄将在大学"美学"课的作业《试论抽象思维在舞蹈创作中的作用》交给晓邦先生，没想到晓邦先生让时任《舞蹈论丛》副主编的胡克带我去见他——这也是我第一次零距离聆听先生的教诲。后来于1985年考上中国艺术研究院研究生部做晓邦先生的关门弟子，先生的"庐山讲学"是一个重要的机缘。

十、从"民舞集成"到"舞蹈学学科"

在中国舞协的工作中，"民族民间舞蹈集成"是一项极其重要的、声势浩大的工程。吴晓邦先生担任了这个"舞蹈集成"的主编。盛婕回忆说："（1981年）10月上旬，文化部、国家民委、中国舞协联合在京召开了《中国民族民间舞蹈集成》第一次编写工作会……晓邦满怀激情地回顾了老一辈工作者在中华人民共和国成立初期为收集、整理传统的民族民间舞蹈艺术所付出的艰巨劳动。他说,1953年至1960年期间,曾经成立了一个人数很少(开始只有5个人)、年龄30岁左右的'舞蹈研究会'……他们除了对中国古代舞蹈史进行了一定的研究外,还对中国民族民间舞蹈进行了一些挖掘、整理和抢救工作。"我们知道,后一项工作的领头人就是盛婕先生。与这项工作有密切关联的,是1982年9月在北京召开的"亚洲地区保护与发展民间和传统舞蹈讨论会"。笔者记得当年的《舞蹈》杂志对此有详细报道:来自14个国家的二十余位代表就三个专题踊跃发言,一是交流保护与发展民间和传统舞蹈的传授方法;二是如何使民间和传统舞蹈与现代生活、现代艺术形式相适应;三是现代技术手段如何为保护与发展民间、传统舞蹈服务。

其实就舞蹈界的学术建设而言,晓邦先生招研是个重要的举措。盛婕在提及1982年4月至6月的"四川舞蹈讲习会"时,说"晓邦除了讲理论课外,还为学生上了形体课、节奏课和习作课。一方面在身体上训练学生的呼吸、动作、节奏,一方面挖掘培养学生的想象力、创造力……当时舞研所的研究生冯双白、欧建平也去参加了讲习会,学习了基训和编舞……"此后,晓邦、盛婕先生又先后主讲了辽宁舞蹈讲习会、浙江青年舞蹈理论创作研讨会、福建舞蹈理论研讨会等。盛婕说:"(1984年)10月,中国舞协主办'舞蹈理论创作研讨会'……在这次会上,晓邦讲了他的舞蹈学建设的构图。在给舞研所第二届研究生上课时,晓邦曾经提出舞蹈学学科理论,将问题抛出来交给研究生们。之后,这一理论体系逐步完善、充实,经过一个阶段慢慢形成整个的构架。晓邦将舞蹈学分为舞蹈基本理论、舞蹈应用理论、舞蹈基础资料理论和舞蹈史四大类，从微观到客观，再放宽视野，提出交叉学科的建设，比如舞蹈美学、舞蹈社会学、舞蹈人类学和舞蹈解剖学等等。"笔者正是这"第二届研究生"之一。在这届研究生中，笔者和张华的导师是吴晓邦，另有董锡玖带的金秋、王克芬带的袁禾、孙景琛带的茅慧和郑慧慧等。我们不仅参与了晓邦先生构想"舞蹈学"学科理论的研究，而且还系统地研习了晓邦先生教授的"舞蹈创作实习课"。

十一、与中国现代舞蹈家讲个性、逻辑、格调

1985年5月，中国舞协第五次全员代表大会召开，吴晓邦连任舞协主席；盛婕先生则和陈锦清、彭松等退任舞协顾问。1985年9月至1988年7月，是笔者追随吴晓邦先生攻读"舞蹈历史与理论"硕士学位期间，会不时上晓邦、盛婕先生家中拜会并聆听教诲。盛婕写道："1985年10月21日至11月1日，我（和晓邦）参加了文化部和中国舞协在南京联合召开的全国舞蹈创作会议……（在会上）晓邦认为：当前舞蹈界应该采取开放的态度，不能再闭关自守。要扩大视野，多了解世界上舞蹈的发展信息，也要冷静地站在世界舞蹈发展的潮流中间，站在新的社会主义文化的高度，来确定我们的位置，来确定应该怎样发展。舞蹈创作必须现代化，要改变过去那种原始的创作方法，那种只是对素材进行编排、没有充分地创作的方法。"与之相关联，晓邦先生发表了一篇文章《编导法和创作法》，他所说的"创作"，"不是从既有材料中拿来，而是经过头脑创作出

来的；不是从'一'到'一'，而是多种经验汇聚而成的'一'。"此后，晓邦先生又发表了《中国现代舞蹈的理论与实践》一文，指出："现在有一种看法，即把西方的现代派和中国现代舞蹈混为一谈。要知道根植于中国大地，并在人民生活中发展起来的中国现代舞与西方现代派有质的区别……中国现代舞蹈并非摒弃优秀的传统，只是要摆脱传统上僵化的模式。"在引述后盛婕强调："晓邦不是'现代派'，他是将现代舞的手法运用到中国的舞蹈创作中，来表现中国自己民族的东西。"

每次去晓邦、盛婕先生家，都会听到他们就新近的观摩而产生的联想。比如1986年元月9日至21日，晓邦、盛婕先生带小舞剧《鸣凤之死》赴日参赛，晓邦先生就会说："目前日本的现代舞，几乎完全是沿用了西方的模式；而相形之下，《鸣凤之死》在比赛中很富有特色。因为它积累了中国现代文学，所以和西方的现代舞蹈有了根本的区别。"盛婕先生则说"女主角张平出神入化的演技，细腻准确地将追求爱情、反抗封建礼教的中国贫苦女性的悲剧表现出来了……由于'鸣凤'的形象是很具体的，有血有肉，因而张平就成为比赛中最出色的女主角了。"又比如1988年12月，晓邦和盛婕先生观摩了杨丽萍的独舞晚会，盛婕回忆道："杨丽萍是民族歌舞团的演员，之前由团里的编导张苛带来看晓邦……晓邦曾和杨丽萍谈过3次，鼓励她走自己的路。杨丽萍最大的特点在于她的'独'，即独特的构思、独特的形式、从内心出发表现她独特的'法儿'……杨丽萍的舞蹈不是一般的依样画葫芦，而是有她自己的内心思考，从她自身的身体线条出发形成了她独特的风格……这次看了杨丽萍晚会以后，晓邦没有针对杨丽萍个人，而是写了《个性、逻辑、格调——献给中国现代舞蹈家们》一文。文章向中国现代舞蹈家们谈了舞蹈创作三个方面的问题：一、舞蹈形象的个性须与观众的普遍可理解性相结合；二、舞蹈创作应把握的三种逻辑——事态逻辑、性格逻辑、表现逻辑，如何围绕虚实相生的创作方法，达到对人物形象的深刻揭示和明晰表现；三、现代舞蹈延续了中国传统舞蹈的格调，以现实主义的态度，努力揭示现代生活中悲剧、喜剧和悲喜剧。这是和中国人民的呼吸和情感深深相通的。"

十二、让"为人生而舞"熠熠闪光

我们注意到，盛婕先生的一生本身也是追求进步文艺、献身中华民族进步舞蹈事业的一生。她与晓邦先生的结合，本身就是基于这种共同的追求和共同的献身。在她的《忆往事》中，我们更看到她对晓邦先生人格的尊重和思想的认同。在她担负业务行政工作时，把中国新舞蹈文化的建设搞得风生水起；在她离开工作岗位后，更是在晓邦先生的身后默默地支撑与奉献。笔者记得一次在晓邦、盛婕先生家，晓邦先生说："我们反封建至少还要反50年。我们自己也有封建的意识，我对盛婕同志就有封建意识。"当然或许由于笔者生性愚钝，至今也不明白话中底理。盛婕则总是高度关注、认同并追随晓邦先生的事业，她写道："我总想对晓邦关于'舞蹈学的研究'说点什么……晓邦关于舞蹈学的研究是从30年代开始的，积累了50多年的经验……开始，晓邦制定了学科研究的图表。他认为舞蹈的发展也要立在学科的基础之上，科学化地发展。如果舞蹈界没有这样一个整体、宏观构成的意识，不可避免地会在内部产生彼此之间相互争态、排挤的现象……正如晓邦所说：'把舞蹈研究各个方面纳入一个系统中去，建立总体的舞蹈学科，使相互隔离的研究状况可以期望得到改变，四分五裂的舞蹈观可以有个统一的皈依。'"后来，在1990年2月，由中国舞协牵头举办了"吴晓邦'舞蹈学研究'讨论会"，笔者撰写了《中国舞蹈史的当代建构——兼议舞蹈学科中舞蹈历史分支的构成》一支，刊发于《舞蹈论丛》1990年第2期。

盛婕先生《忆往事》最后三节的标题，分别是《晓邦归西，吾需坚强》《"为人生而舞"，熠熠闪光》和《舞蹈精神，薪火相传》。其中在最后一节中写道："（很多同志）向我提起2006年是吴晓邦诞辰百年的纪念，我们应该好好地聚合一下……北京人民大会堂的纪念活动在晓邦的生辰12月18日当日举行，同时也是《吴晓邦文集》发布会。会议厅正中竖立着'纪念吴晓邦百年诞辰'的巨大会牌，蓝色衬底的右上方飘扬着一抹红旗似的色彩，晓邦面带笑容的头像位于令牌左侧，旁边红字书写着'为人民而舞'，'舞'字是流畅的行书，几乎和晓邦的头像一样大，在晓邦一旁陪着他……人大常委会副委员长布赫在讲话中回忆了晓邦六次去内蒙古传播舞蹈的经历，他都还历历在目。周巍峙也在致辞中回忆了当年和晓邦交往的往事。贾作光、于平在发言中回忆跟随晓邦学习成长的经历。"那时，笔者正担任文化部艺术司司长，与担任中国舞协分党组书记的冯双白主席共同主编了《吴晓邦文集》和画册《百年吴晓邦》。笔者在"百年诞辰"纪念会上发言的题目是《百年晓邦，一代舞宗——纪念吴晓邦先生诞辰100周年感思》，这篇后来刊发于2006年12月23日《中国文化报》的文章写道："作为晓邦先生百年诞辰的一点感思，在我脑海中愈益清晰的是他毕生追求的艺术理想,这主要体现在三个方面:第一,晓邦先生坚持为'人生而舞蹈'的艺术理想,提倡为大众的觉醒而舞蹈……第二,晓邦先生坚持'为中华而舞蹈'的艺术理想,提倡为社会的进步而舞蹈……第三,晓邦先生坚持'为时代而舞蹈'的艺术理想,提倡为文化的创新而舞蹈……今天,在我们缅怀盛婕先生的日子里,我相信她最希望我们去做的,就是薪火相传晓邦的舞蹈精神,就是让"为人生而舞"熠熠闪光……而我们还需要铭记的,就是"晓邦的一半是盛婕"!

风中牡丹　舞中女杰
——深切怀念盛婕先生

吴露生

丙申年初,天气并不太冷,可是人们的心里却是一阵又一阵的冰凉,刚刚送走了仙逝的贾作光老师,还没来得及抚平心中悲恸的波澜,只过了3天,又惊悉了盛婕老师瞑目九泉的噩耗!2017年1月9日,到处弥漫着满满的情思和深深的悼念,而最多的无奈和凄怆是:"惊闻又一位舞蹈界的老前辈盛婕老师作古!这些天全中国都在送别,惋惜感叹之余不禁有一种强烈的感觉:一个时代,正在过去……"

是呀,反刍并不算太久的记忆,康巴尔汗、吴晓邦、戴爱莲、贾作光、盛婕……自20世纪30年代起,他们联袂广大舞者和人民群众,满怀激情、殚精竭虑地开创了中国舞蹈历史上的新时代,舞蹈文化建设的累累硕果中饱含着他们一生耕耘播种的奋斗、智慧、艰辛和付出。如今，这些人民所敬爱的舞蹈前辈、新中国舞蹈艺术的拓荒者们，终于耗尽了心血和汗水，一个个先后驾鹤西去，长眠在他们终生向往的舞蹈圣殿！

缅怀之余，不由得追忆往昔……

艺术生长爱情之花

20世纪30年代初，除了供人娱乐或粉饰太平的交际舞、娱乐歌舞外，中国的舞坛一片荒凉。正是一代舞蹈宗师吴晓邦高擎起"新舞蹈艺术"的旗帜，以舞蹈干预人生，通过教学、创作、演出等方面的一系列努力，才开创了中国人自己的舞台舞蹈艺术，舞蹈成为了专业、严肃的艺术创作活动。对于"新舞蹈艺术"，吴晓邦在《新舞蹈艺术概论》中是这样界定的："1935年，我把这种现代舞蹈引进中国，我想通过这种新型的舞蹈形式去揭露反动统治的罪恶。新舞蹈是一种无声的语言，形象的语言。它能起到组织群众和鼓舞群众的作用，像暴风一样煽动人民群众的阵阵怒火；又像是粒粒种子，深深地埋在观众的心中，去扫除阻碍中国走向科学和民主道路上的旧思想、旧信仰、旧风俗、旧习惯。"生命的遇见总是不可预期，正在吴晓邦于霜天吹响了晓角后的不久，盛婕出现在了他的生命里……

盛婕学名盛曙霞，1917年12月21日出生于上海。当年，盛家称得上是常州的名门望族。中国近代著名的官办商人、政治家、企业家和慈善家盛宣怀即是盛婕祖父的长兄。盛婕父亲少年失怙，正是盛宣怀将他养育成人。她7岁时，母亲去世，此后便与哥哥住在杭州的姨母家，父亲则在盛宣怀的安排下于哈尔滨电报局工作。小学四年级时，父亲把她和哥哥接到哈尔滨生活。盛婕所上的女中是哈尔滨当时的"贵族学校"，虽然漂亮的学生很多，但盛婕仍在其中非常出彩，被誉为"一朵牡丹花"。女中旁边工业大学一些男生为之倾慕，频频献殷勤，甚至还被记者追踪，当地小报称誉她为"东方女士"。

1938年9月，盛婕在上海中法戏剧专科学校求学，因比好友"捷足先登"学习了舞蹈，故取"捷"的谐音"婕"，改名盛婕。当时吴晓邦是她的舞蹈老师，每次上课，吴晓邦不仅教授"自然法则"的身体训练，还给学生讲舞蹈理论、分析什么是舞蹈以及舞蹈和其他艺术的关系等。1940年，正在她于日寇侵占的"孤岛"上海苦苦寻思人生出路而犹豫彷徨之际，因"吴晓邦的一封来信改变了人生轨迹"。

盛婕、吴晓邦结婚照

她接受了他的激励召唤，直奔抗日的大后方桂林，协助他开班设教、排练演出，与欧阳予倩等一起投入到抗日救亡活动之中。次年，又应陶行知先生的邀请与吴晓邦结伴去了"陪都"重庆。就在这一年，她和他"志趣相投，相互敬重，相互关心，相互依恋，决定结婚了"。

从此，她和他联袂而行在新舞蹈艺术的道路上，穿越历史的风云，为了理想的舞蹈事业奋斗终生。在新中国舞蹈艺术的各个发展阶段，都留下了盛婕执著奋进的足迹和不朽的功绩：她是杰出的舞蹈表演艺术家，新中国舞蹈艺术的先驱之一；开掘、研究中国民间舞蹈的领跑者；出色的舞蹈组织活动家……更有一个特殊的、不可替代的身份——吴晓邦先生的贤妻。吴晓邦舞蹈事业的巨大成就，离不开盛婕几十年如一日的关爱、崇敬和支持，饱含着她许许多多的默默奉献。

盛婕天生丽质，极富表演才能，豆蔻年华时就已兼擅舞蹈与话剧表演，引起了演艺界的瞩目。当时有许多"大腕"都青睐于她：欧阳予倩为她排了夏衍的《心防》；许幸之导演邀请她加盟莫里哀的喜剧《装腔作势》；她在于伶的上海剧艺社出演了《职业妇女》《武则天》《被迫害者》《梁红玉》中的主角；而在吴晓邦排练演出的舞剧《罂粟花》中的演出则让"整个孤岛都为之轰动"。而在她早期艺术生涯中，更加具有划时代影响的还是其参与筹备、演出的"戴爱莲、吴晓邦、盛婕——新舞俑表演会"。

似乎是冥冥之中，这一中国近代历史上最具影响力、革命性的舞蹈演出缘起于吴晓邦、盛婕这对新舞蹈艺术伉俪的结合之时。1940年4月14日，重庆的实验歌剧院礼堂分外热闹，吴晓邦和盛

话剧《装腔作势》

婕的婚礼在这里举行，周恩来和邓颖超特地委托专人送来了亲手栽培的大束鲜花，孩子剧团的人来了，刚回国的舞蹈家戴爱莲也来了……满屋喜气，也不乏期待，参加婚礼的文艺界人士纷纷建议，吴晓邦、盛婕和戴爱莲应该举行一次联合演出。周恩来迅即对三位舞蹈家的义演决议给予了大力支持，并决定由郭沫若的"文艺三厅"来组织，由周恩来的秘书阳翰笙出面承办，义演卖得的票款全部捐献给革命烈士家属。在这次重要的演出中，除了吴、戴极具功力的出色表演外，盛婕亦体现出了作为一个舞蹈表演艺术家的非凡艺术天赋与才华。舞蹈晚会上，三人一起表演了《合力》，她还与吴晓邦共同演出了《出征》，单独表演了舞蹈《流亡三部曲》中的小组舞。由于亲身经历了东北流亡的百姓疾苦，再加上几十人合唱《松花江上》烘托气氛，演出收到了非常好的效果。事后邓颖超激动地告诉盛婕，她看《松花江上》时很受感动，忍不住直掉眼泪。中国共产党在当时国统区的《新华日报》也发表了对这场演出的评论："民族舞蹈，现在由少数的中国舞蹈艺术家在不断努力中创造建立。今天请这样理解它，它不仅是抗战史实的记录者，还是热情的宣传形式。我们非常同意，这种新的舞蹈在不断地努力创造中，一定有它光辉灿烂的前程，与我们新中国的前程一样地向前迈进。"这一评价不仅给三位舞蹈家带来了很大的鼓舞，也为当时的舞蹈发展指点了方向。

爱，或者被爱，都不如相爱，相爱又莫过相知。舞界多传扬吴晓邦和盛婕真情相守的佳话，历经艰辛相濡以沫，几十年如一日，艺术与爱情共同生长，更成为一段传奇。

在吴晓邦辞世后的十年间，盛婕则自勉"晓邦归西，吾需坚强"，并许下要实现"永远的吴晓邦"这一"完美人生"的心愿，于是把自己的余生精力几乎完全扑在建立"吴晓邦舞蹈艺术馆"、出版《吴晓邦舞蹈文集》（1-5卷）、筹办"纪念吴晓邦百年诞辰活动"的工作上，奔波于北京、上海、苏州、太仓之间，力克艰辛，终于以自己高尚与真挚的爱，不遗余力地实现了传承吴晓邦舞蹈艺术和精神遗产、为舞蹈事业奋斗终生的最后愿望。

难忘的行前叮嘱

中华人民共和国成立初期，盛婕组织人员深入民间，走向田头地角、村寨里巷进行着认真的田野调查，收集整理了花鼓灯、秧歌、傩舞等，抢救了一大批濒临失传的民间遗产，编写整理了中国第一套《中国民间舞教材》。这些当年由她所组织、带领搜集的花鼓灯、秧歌、傩舞等风格韵律、主干动作，至今依旧是许多舞蹈院校基本训练以及作品创作的宝贵素材。在采风时，盛婕特别注意在采录时激发艺人的情绪，总是在现场与大家一起欢乐、跳动，从而去更多地抓取民间表演者稍纵即逝的绝招和闪光点。为了推陈出新，1953年，盛婕还在深入民间时亲自为当地改编了一套舞台上表演的《花鼓灯》，这一节目在同年3月的第一届全国民间音乐舞蹈会演中获得了一等奖，之后又到北京怀仁堂为毛主席等国家领导演出，在后来的国内外演出中均大获成功。

1985年，笔者被借调在中国舞蹈家协会《舞蹈》杂志编辑部工作期间，吴晓邦和盛婕两位老师非常关注民间舞蹈的传承发展。次年开春，吴晓邦老师要胡克、谭美莲和我组成"中国舞蹈家协会民间舞蹈调研组"深入民间，了解现状，把握第一手资料。临走前胡

《当代中国舞蹈》编委会合影

克与我去晓邦老师家再一次领受任务时，盛婕老师关心又认真地叮咛我："吴露生呀，下去时对老艺人一定要尊重，不仅尊重他（们）本人，还要尊重他们舞蹈所连带的民俗风情。"听说我们的行程计划中有江西时，她若有所思地说："相信你们不会高高在上，必要时也可以像我当年睡棺材板，不然收获不大……"当时我对盛婕老师"睡棺材板"一说还懵然不知，后来才知她指的是20世纪50年代她带队去江西民间采风的一段轶事。

当年中国舞蹈研究会成立以后，盛婕带着孙景琛、刘恩伯等一行6人去江西搜集傩舞，先后走了5个县12个乡镇。那时候生活比较艰苦，有时借学校教室休息，有时就在泥土地上铺张席子躺着，或者睡在木板上。一次，同事看到了一块木板，就连忙为盛婕搭上，她也累了，倒头就呼呼入眠。第二天醒来才知道整晚亲密接触的竟是一块棺材板，大家面面相觑，盛婕却轻松打趣："那好，就当我死过一回了。"一个大艺术家、一个舞蹈研究会的主要领导就是这样不计条件艰苦，为了事业，坚持与艺人们打成一片，同吃同住。

我还在孙景琛老师那里听到，当年采风时，盛婕老师一方面看着、学着老艺人跳舞，一方面见到好的傩舞面具，先是随乡入俗地将面具"请"出来，再让他一张张拍下来，先后共搜集了一百多张面具资料。舞研会内部《舞蹈学习资料》选取了其中的二三十张刊发，这些图片成了舞蹈史研究的珍贵材料，被几代舞蹈学者运用，也引起了国外学界的高度重视。

盛婕老师的行前叮咛，是舞蹈前辈为我们树立的精神示范。是啊，与前辈们相比，我们深入生活少了，向民间学习少了，然而唯有多多走出高楼大厦，接受泥土的慰藉，深入火热的生活，才会在艺术上有真正的收获。

2010年金秋，因全国艺术科学"十一五"规划文化部重点课题《中国戏曲、民间舞蹈、民间音乐现状调查》，我从杭州到了北京。返程前特地去了和平里盛婕老师的家中看望。那天，盛婕老师很是开心，泡上了我们都喜欢的龙井茶，关怀地问起了民间舞蹈的发展情况。话匣子打开，盛婕老师回忆起了当年她去安徽挖掘整理"花鼓灯"的往事，如数家珍地说到了民间名艺人冯国佩的拿手绝招"野鸡溜"，还有一个叫"一条线"的技巧"二截杠"……留我用过了家庭午餐后，临走前还送了我一套《吴晓邦舞蹈文集1-5卷》和她刚出版不久的《忆往事》，并在扉页上认真地用毛笔签赠。看着饱经风霜却精神状态极好的盛老师，我高兴地说："盛老师，您百岁大寿时我们大家再来庆贺！"盛老师笑靥顿开，又若有所思地不住点头，红艳艳的夹袄将她的面庞映衬得犹如西山间的一抹晚霞……

谁料到，盛婕老师却在九九登高，离百岁老人仅一步之遥时撒手人寰！

中国舞蹈家协会曾在盛婕老师80寿辰、从艺60年时敬赠她"舞中女杰"字样的贺牌，以此肯定她杰出的舞蹈才华和对新中国舞蹈事业的卓越贡献。

愿风中牡丹的国色天香长驻人间；

愿舞中女杰——盛婕老师天堂永生！

追忆盛婕老师回"婆家"

陈秉钧[①]

就在2017年1月9日晚,江苏太仓市文联副主席乐琦突然问我:"盛婕老师去世了吗?"我一惊:"怎么回事?"

盛婕老师是吴晓邦先生的夫人,更是著名的舞蹈家,生前担任过中国舞蹈家协会的副主席,马上就要100岁了。2016年12月16日,我应邀前往北京,参加由中国艺术研究院舞蹈研究所主办的《纪念吴晓邦先生诞辰110周年研讨会》后,与吴先生及盛婕老师的三位子女吴卫江、吴安娘、吴继光等人分手时,得知盛老师住在医院,但精神状态还不错,可是现在……我连忙发短信给吴晓邦先生的首批硕士研究生之一欧建平老师求证此事。欧老师一时没有回音,我又连忙打电话给吴先生的再传弟子、欧老师的博士研究生

---

① 作者系江苏太仓"吴晓邦故居"负责人。

范舟同学询问此事,得到确证:盛婕老师已于当天上午9点40分驾鹤西归。稍后,欧老师打来电话,声音哽咽地说:"盛老师还是出人意料地提前走了。"接着,他又告诉我:"不过,卫江大哥、熙天大嫂告诉我,盛老师走时很平静、很安详,而且子女们都在她身边……此外,盛老师对我一年前开始指导硕士生赵金领,以她为主题撰写硕士论文的事情颇感欣慰,而知道我们召开纪念吴老师诞辰110周年研讨会的那几天,她的精神更是非常好,因为文化部、中国艺术研究院、中国舞协、北京舞蹈学院的领导们都出席了,对吴老师一生的功绩作了充分的肯定;家乡的代表出席了,带来了当地人民对吴老师的敬仰;吴老师的六代弟子也都有代表出席,并且宣读了研究他的最新成果……因此,她安详地走了,没有遗憾。"

吴晓邦先生是江苏太仓沙溪人,因此,盛婕老师是太仓沙溪的媳妇,沙溪是她的"婆家"。1986年11月,他们夫妇俩曾到太仓讲学,并回沙溪探望,受到家乡父老及沙溪中学师生们的热烈欢迎。那一次,我无缘适逢其会,至今怅然。直到20年后,我才有幸一睹盛婕老师的风采。

我禁不住打开了记忆的闸门,让思绪回到了10年前……

2006年12月18日,对于沙溪而言是个重要的日子,对于太仓市而言也是个重要的日子,对于中国舞蹈界而言更是个重要的日子,因为这一天,是中国新舞蹈艺术事业奠基人和创始者之一的吴晓邦先生诞辰100周年的纪念日,北京和太仓分别举行了隆重的纪念活动。

而在此之前的10月份,由汪放任主编,张洁蓉和我任副主编的《一代舞魂吴晓邦——吴晓邦编年事略》一书由古吴轩出版社正式出版，成为我们对于这位当代中国舞蹈先驱的一份纪念。

2006年12月13日傍晚，由盛婕老师率领她的家人，包括她与吴晓邦先生的所有子女以及其他晚辈近三十人，风尘仆仆地来到了吴晓邦故居。

受领导的安排，我负责在故居为他们做讲解。在这一行人中，我发现了几位熟人，其中有吴晓邦和盛婕最小的孙子吴骞，他在2001年4月26日曾来到吴晓邦故居，并应邀在留言簿上写下了话："爷爷，我到家了。"有熟人便一下子拉近了我们之间的距离。我将吴骞的题字拿给盛婕老师看，她看得很认真，并且很开心。而我则站在吴晓邦生平事迹的照片下，一一为他们介绍。我连吴晓邦先生一面都没有见到过，而他们都是吴晓邦先生最亲的人，因此，向他们介绍吴先生的生平事迹，就像是"关公门前耍大刀"，好在我们那本书刚出版不久，因此，我对吴先生的生平事迹是颇为熟悉的，所以，一点都不怯场。

当我领着盛婕老师一行，走到两幅吴先生的舞剧《罂粟花》剧照前介绍说："这是吴晓邦先生1939年在上海中法戏剧专科学校担任舞蹈班班主任的时候，为他的学生们编排的结业作品。在这个作品中，中国舞台上第一次出现了希特勒的形象，第一次出现了墨索里尼的形象，而罂粟花则象征着日本帝国主义。这是中国当代历史上的第一部舞剧，它表面上表现的是大地的主人站起来，赶走了那些掠夺大地财富的贪婪之人，实际上体现的却是中国人民站起来，打倒法西斯列强，而这在抗日战争时期的孤岛上海是很不容易的。"接着，我对盛婕老师说："盛老师，在我的印象中，您在这部舞剧中扮演了罂粟花。"不料，她马上指着照片中的一位演员说："不，我

盛婕老师在看孙子吴骞的题字

扮演的是一位农妇，就是这个人。"这时，我就站在盛婕老师的身边，而《太仓日报》的摄影记者高建刚眼快，当即抓拍了一张照片，并刊登在了第二天的《太仓日报》头版上。此后，我经常不无自豪地对来访者们说："我很不幸，尽管在吴晓邦故居工作了这么些年，但是从来都没有见上吴晓邦先生一面。但是我又很幸运，我和吴晓邦先生夫人盛婕老师的合影上了报纸的头版。"

　　记得那天，盛婕老师一行在沙溪停留的时间很短，因为他们还要回太仓参加其他一些重要活动。尽管如此，大家都觉得很愉快，而其间还有一段小插曲：吴晓邦先生和盛婕老师最小的女儿叫吴安娘，我对她说："你的父母都是国内一流的大艺术家，怎么给你取的名字却十分普通。"没想到，我的话刚一出口，身边的吴继光（吴安娘的弟弟，吴、盛两位老师最小的儿子，即吴骞的父亲）马上说："这有什么不妥的，安娘、安娘，延安生的姑娘嘛！"原来如此。是的，我在吴晓邦先生的两幅延安照片中，的确不仅看到了吴卫江、吴继光兄弟二人，还看到了吴先生怀里抱着吴安娘！

　　如今，吴晓邦先生的故居依旧，盛婕老师在故居内的身影在我心中依旧。显然，吴晓邦先生和盛婕老师执着追求舞蹈艺术的精神和境界，已经不再是一个家庭的精神财富，更是整个国家的精神财富了。

中外舞蹈交流史上的盛婕先生

赵金领①

年近百岁的盛婕先生离开我们已有一年,但是她作为现当代舞蹈历史的直接参与者和见证者值得吾辈舞蹈学子深深缅怀和悠然追思。盛婕先师与吴晓邦先生从旧中国的桎梏中飞舞而来,中华人民共和国成立后主要在舞协中长袖而歌。从五四运动以来的我国第一批剧场化的舞蹈演员,到成为一位真抓实干的舞蹈组织者和管理者,盛婕在舞蹈领域取得的成就让人敬而生畏。在笔者于2015—2016年搜集的诸多资料和对盛婕先生多次采访的基础上,我发现盛婕先生在中外舞蹈交流方面所取得的成就同样值得关注。

盛婕幼年随父前往哈尔滨读书,求学并成长于这座极具异国风情的城市。二十世纪二三十年代的哈尔滨是一座洋味十足的城市,

---

① 中国艺术研究院研究生院2015级硕士研究生,导师欧建平,其学位论文是《中外舞蹈交流史上的盛婕先生》。

欧建平与其硕士生赵金领 2016 年初拜访盛婕先生时的合影

素有"东方莫斯科"的美称。原沙皇时期数十万白俄[①]和波兰、捷克等国的欧洲人及犹太人流亡在这座城市[②]，为这座城市带去了西方先进的技术和工业。哈尔滨诞生了我国近代以来第一家电影院，第一支交响乐团和第一家啤酒厂、卷烟厂，号称"亚洲第二国际大都市"。在工业和交通业发达的同时，各种文化娱乐活动也点缀着这座城市，由此造就了这座城市别致的文艺情调。1929年至1936年，盛婕在哈尔滨生活了将近七年。勤学聪慧的她利用业余时间在"二毛子"尼娜开设的舞蹈班里学习了芭蕾舞，由此点燃了对舞蹈的挚爱之情。

其父病故后，盛婕跟随其兄盛时敏回到上海松江五姨母处生活，后进入中法戏剧专科学校就读。1937年"七七事变"后，上海沦为孤岛，但是这座城市仍很大程度地保留了对外来文化兼容并蓄的多元气象。早在1922年，俄罗斯芭蕾明星巴甫洛娃曾在上海惊艳亮相，上演著名编导家米歇尔·福金为其量身打造的名舞——《天鹅之死》。在这种国际化的欧风美雨的洗礼下，盛婕的艺术视野必然十分开阔。在中法戏剧专科学校就读期间，她接触了吴晓邦的"自然法则"，并在话剧《小英雄》、莫里哀喜剧《装腔作势》和舞剧《罂粟花》中担任重要角色。

在盛婕的少年和青年时期，她在哈尔滨和上海这两座当时最具

[①] 这里的"白俄"并非"白俄罗斯人"，而是指在俄国革命和苏俄国内革命战争爆发后离开俄罗斯的俄裔居民，通常他们对当时俄国的政权（苏维埃政权）持反对态度。

[②] 戴淮明. 白天鹅，起舞自冰城——著名舞蹈家盛婕在哈尔滨[J]. 小说林：2015(6)，100—104.

国际化的城市里生活，并常年参与文艺活动。在她看来，俄国人、日本人、英国人和法国人等早已司空见惯，这些都对她日后在中外舞蹈交流上能够得心应手地接待外国舞蹈团体和前往他国出访奠定了基础。

北京舞蹈学校筹建之初，盛婕与古典舞专家叶宁、外国专家伊丽娜等人一道为北京舞蹈学校培养第一批师资。据盛婕回忆，伊丽娜在观看藏族舞蹈课时批评说："跳民间舞甩长袖，看不见身体的线条是落后的。"但是盛婕坚持认为，"藏族和朝鲜族的舞蹈都是要舞长袖的，演员的手臂从长袖中伸出去才有力量"①，但在当时，谁也不能违抗苏联芭蕾专家的意见，于是，她就将藏族舞的长袖改成了袖套，当苏联专家看课时，就摘下它来徒手而舞；苏联专家走后，再戴上长袖作舞。这件趣事反映出盛婕在中外舞蹈交流上的智慧。

1956年9月25日，盛婕率领"中国舞蹈家代表团"赴苏联访问，考察该国舞蹈的发展状况。除盛婕外，这个代表团还有康巴尔汗、赵得贤、宝音巴图、隆征丘和秘书隆荫培。9月26日到达后，代表团先后到访了莫斯科、列宁格勒、基辅、第比利斯和塔什干等地。访问的行程安排得非常紧张，一般都是白天到剧场、舞蹈学校看排练和各种课程，晚上就在剧院观摩演出②。这次访苏考察还兼顾了苏联民间创作之家，学习并记录了民间舞创作中业余舞蹈小组的情况。除此之外，访问团还考察了列宁格勒舞蹈学校、莫斯科大剧院附属舞蹈学校、第比利斯舞蹈学校等，这些宝

---

① 根据笔者于2016年1月14日与欧建平老师对盛婕先生进行的采访。
② 盛婕. 中国舞蹈代表团访苏报告[J]. 舞蹈丛刊：1957（3）： 103.

贵经验对于刚刚起步的中国舞蹈教育至关重要。访问历时66天，于12月2日回到北京，回国后，盛婕组织人员编写了一本资料集，但是并未出版。

1957年8月，盛婕受邀担任在维也纳举行的"第七届世界青年与学生和平友谊联欢节"的评委，并率领中国青年艺术团在这次比赛中获得了不错的成绩：古典舞《春江花月夜》获得东方古典舞蹈独舞金质奖章，古典歌舞剧《春郊试马》《虹桥赠珠》《游园》和维吾尔族民间舞《摘葡萄》获得金质奖章，汉族民间舞《采红菱》《花伞舞》《江南三月》和蒙古族民间舞《欢乐的青年》获得集体银质奖章。此外，正是由于她对于中国民间舞蹈，例如安徽花鼓灯和江西傩舞的挖掘和整理，引领了国内一大批民间舞和民族舞艺术工作者为之努力。

1959年第10期的《舞蹈》杂志刊登了盛婕的《在国际文化交流活动中的中国舞蹈》一文，全面展示了她在中华人民共和国成立十年以来在中外舞蹈交流上的卓越贡献。盛婕在文中指出："中国舞蹈之所以能在国际舞台上放出光彩，是由于保持与发展了中国舞蹈艺术的传统特点。"[①] 这样的真知灼见在今日看来，仍能引发我们的思考。

新时期以来，盛婕的艺术生命获得了第二个春天。她作为中国舞蹈家协会中具有丰富工作经验的能手，马上就投入新阶段的中外舞蹈交流的事业中去。1981年10月，中国舞蹈家协会承办了"中国舞蹈图片展"赴瑞典展览的任务，盛婕负责预展，并将展览命名

---

① 盛婕.在国际文化交流活动中的中国舞蹈[J].舞蹈：1959(10)：6.

为"中国舞蹈"。在当年盛婕设计的方案中，前言提纲挈领地指出："'中国舞蹈'是一个综合性的小型展览，通过陈列图片实物、放映幻灯片和录像等表达方式，向您介绍中国舞蹈文化的发展历史和各民族的舞蹈艺术。"展览共分为第一陈列室、第二陈列室、幻灯（片）放映室和录像室，第一陈列室展示了我国古代历史悠久的舞蹈文化；第二陈列室展示了我国自建国以来民族舞和民间舞的优秀节目剧照；幻灯（片）放映室展示了魏晋隋唐的石刻飞天图片、青海塔尔寺壁画的舞姿图片等；录像室放映了全国第一届舞蹈比赛优秀作品选辑。这次展览由戴爱莲于1984年6月率队前往瑞典首都斯德哥尔摩展出，因而使国外舞蹈界能够更深入地了解中国舞蹈艺术的发展历史，可谓意义深远。

1982年9月20日到28日，中国文化部、中国舞协与联合国教科文组织联合举办了"亚洲地区保护与发展民间和传统舞蹈讨论会"。作为中国舞协主办的首次国际会议，时任中国舞协副主席的盛婕对其尤为重视。在不到十天的会议中，盛婕组织并接待了来自亚洲14个国家近二十位代表，并为中国舞蹈家协会举办国际大型舞蹈交流会议积累了宝贵的经验。

1984年7月5日至18日，盛婕受文化部的委托，带领吕艺生、左哈拉和文联秘书小王组成中国舞蹈考察组，前往土耳其考察民间舞蹈。考察组先后到访了土耳其的伊斯坦布尔、安卡拉和萨姆松三个城市，重点考察了伊斯坦布尔的国际艺术节和萨姆松的国际民间舞蹈节，回国后编写了《土耳其舞蹈考察总结》。考察组在"总结报告"中指出："在土耳其的民族意识中，民间舞必须保持原样，不允许外国舞蹈或外地区舞蹈给予影响……他们对我国以前去土演出的舞蹈有看法，认为芭蕾化了。"此次报告中土耳其方面反映了"中国民间舞芭蕾化"的问题十分强烈，这对我国新时期民间舞创作颇有影响。

1986年1月，吴晓邦、盛婕和董锡玖受邀前往日本参加"第三届埼玉国际舞蹈创作大赛"。吴晓邦担任大赛评委，盛婕和董锡玖担任顾问。这次大赛中，中国参赛作品为成都市歌舞团选送的《鸣凤之死》，并且夺得了头奖"皇冠"金杯。这次访日之行还带回来了日本舞蹈家、吴晓邦留日的老师江口隆哉先生的《舞蹈创作法》。日文版经金秋翻译后在《舞蹈》杂志1986年第5期至第11期连载，后于2005年结集出版了《舞蹈创作法》一书，成为中日舞蹈交流的又一成果。

纵观盛婕的舞蹈一生，尽管她在中外舞蹈交流方面的工作只有寥寥几笔，但是影响却极其深远。在中苏交流上，她在国内组织学习了苏联红旗歌舞团、苏联国立民间舞蹈团的宝贵经验；首次带领"舞蹈家访苏代表团"前往苏联学习第一手的舞台经验、教学工作和理论研究，对新中国舞蹈事业的快速建构和全面发展提供智力支持。在中国舞蹈家协会工作期间，盛婕更是在中土交流和中日交流等方面做出了推动性的贡献。斯人已去，但是中国舞坛上仍流传着她的美名和佳话。在缅怀她的日子里，唯愿盛婕先师安然极乐、含笑天堂。

看《忆往事》有感

吴继光

谁会想
母亲从不讲
却在九十岁写回忆录
那三百多张玉照
展现美丽一生
那字里行间
描述传奇故事
细细品尝
比乳汁还要甜香

谁会想
母亲从不讲
盛宣怀家的乖乖女
不恋留园捉迷藏
却爱英雄 爱舞蹈
为舞蹈跑遍敌后方

从颠沛流离

到虎口脱险

在周总理指引下

父母共同走进延安

革命道路使他们更坚强

谁会想

母亲从不讲

"文革"中被剃"阴阳头"

美丽女人得"摇头病"

不管做"飞机"

还是住"牛棚"

她都告诫子女

要相信群众

相信党

谁会想

母亲从不讲

我知道

她功在千秋

我知道　此刻

父母已在天堂

翩翩起舞飞翔

与总理　邓大姐

谈笑欢畅

2018.4.18